SOIGNEZ LE REFLUX NATURELLEMENT

Dr Martine Cotinat

Du même auteur

Stop aux brûlures d'estomac, Thierry Souccar Éditions 2009

Petits plats savoureux contre les brûlures d'estomac, Thierry Souccar Éditions 2010

L'assiette à malices, Thierry Souccar Éditions 2012

Moko et le secret de la betterave, À Contresens Éditions 2009

Moko et le grand sorcier, À Contresens Éditions 2009

Moko au royaume des Souris Quenottes, À Contresens Éditions 2011

Moko et le marchand de sable, À Contresens Éditions 2012

Moko Super Héros, À Contresens Éditions 2014

Remerciements de l'auteur

« Ce livre en est à sa dixième réimpression. Je suis très heureuse de ce succès et tiens ici à remercier chaleureusement mes lecteurs pour leurs messages sympathiques et encourageants. »

Ce livre réunit *Stop aux brûlures d'estomac* et *Petits plats savoureux contre les brûlures d'estomac*, publiés chez Thierry Souccar Éditions

Conception graphique : Catherine Julia (Montfrin)
Photo : © Shutterstock, © iStock
Illustrations: Jérôme Chardin

ISBN : 978-2-365490-94-8

www.thierrysouccar.com

Imprimé et façonné en France sur les presses de Dupliprint (Mayenne), 4e trimestre 2021
N° d'impression : 2968172M

IMPRIM'VERT®

PEFC
10-31-1316

À ma famille chérie, à mes amis que j'aime ; c'est votre amour qui m'a encouragée à travailler avec autant d'ardeur et à amputer une partie de mes nuits. Pardonnez-moi de vous avoir un peu négligés !

Au Professeur Jean-Robert Rapin, mon maître en micronutrition, qui partageait son savoir immense avec tant de passion, de gentillesse et d'humilité.

Un grand merci pour tout ce que tu nous as donné !

Au Professeur Henri Joyeux qui n'a pas hésité pas à s'écarter du chemin traditionnel pour convaincre les foules de reconsidérer leur alimentation et leur hygiène de vie. Comment te remercier pour tes encouragements et pour cette préface ?

À tous ceux qui doutent du pouvoir de la nutrition, je dirais : « Essayez ! Vous avez tout à y gagner ! »

PRÉFACE

Qui n'a jamais eu des brûlures d'estomac ? Dans la famille, il y a toujours quelqu'un qui s'en plaint. Voici enfin un très bon livre pour le grand public sur le reflux gastro-œsophagien (RGO).

Ce livre vaut 30 consultations, une belle économie pour la Sécurité sociale qui racle ses fonds de tiroir. En effet, l'allopathie entretient trop souvent les maladies : des consultations à gogo, des endoscopies à répétition, des médicaments même pour les bien portants…, voilà ce que nous observons chaque jour. Et si votre reflux se termine en cancer, les meilleurs spécialistes vous guériront bistouri à la main, avec chimio adjuvante et radiothérapie de compléments. Soyez heureux, vous aurez la totale ! Et si vous ne guérissez pas, c'est que vous êtes venu trop tard ou que vous n'avez pas suivi les traitements au long cours.

Ces discours sont heureusement dépassés pour tous ceux qui veulent prendre leur santé en main.

Écoutez donc et suivez les conseils du Dr Martine Cotinat. Ils ne coûtent rien, sinon l'effort de bien comprendre ce qui se passe en vous. Vous saurez ce qu'est le RGO, vous comprendrez comment le neutraliser simplement. Vous reconnaîtrez tous vos symptômes et les dessins de ce livre vous aideront, évidemment. Après avoir bien saisi les véritables causes du RGO, vous allez changer doucement mais radicalement vos habitudes alimentaires et vos symptômes disparaîtront. Ce qu'il faut, c'est manger mieux et meilleur*. Vous éviterez une chirurgie trop peu efficace car, si les causes persistent, le reflux reviendra.

Merci au Dr Martine Cotinat qui a le courage de nous donner son expérience originale, hors de la médecine traditionnelle. Comme notre Maître Hippocrate, elle observe, écoute ses patients, leur explique un crayon à la main et elle vérifie qu'ils ont bien compris.

Toute la famille profitera de ce livre. Quant à votre médecin, offrez-le lui, il soignera mieux ses patients.

PROFESSEUR HENRI JOYEUX
Chirurgien-cancérologue
Faculté de Médecine de Montpellier

*Lire à ce sujet : *Changez d'Alimentation* - L'Atout BIO, Éditions .F. -X. de Guibert, 2008.

SOMMAIRE

DEUXIÈME PARTIE
LES DIX CAUSES DU REFLUX

TROISIÈME PARTIE
LES TRAITEMENTS MÉDICAUX DU REFLUX

QUATRIÈME PARTIE

LE TRAITEMENT NUTRITIONNEL DU REFLUX

CINQUIÈME PARTIE

LA DIÉTÉTIQUE ANTIREFLUX EN PRATIQUE

PRÉAMBULE

Merci à toi, Vincent, mon cher patient, de m'avoir fait découvrir les pouvoirs étonnants de l'alimentation. J'exerçais la gastro-entérologie conventionnelle depuis une vingtaine d'années lorsque tu m'as fait comprendre que la nutrition n'a pas qu'un effet préventif mais peut avoir aussi un aspect curatif pour de nombreuses maladies habituellement traitées de manière chronique par des médicaments.

Tu n'avais d'ailleurs pas qu'un reflux gastro-œsophagien soulagé par des traitements bloquant l'acidité. Tu te plaignais aussi de nombreux autres symptômes : toux, bronchites, acné, troubles du transit… Ceux-ci faisaient tellement partie de ta vie que tu oubliais d'en parler à ton médecin. En t'inspirant des travaux du Dr Seignalet, tu as modifié ton alimentation et tu as vu s'effacer tous tes maux, comme par enchantement.

Ton expérience m'a beaucoup touchée. Elle a surtout changé mon regard sur la maladie. J'ai commencé alors à proposer quelques modifications alimentaires à certains de mes patients souffrant de manière intense de brûlures d'estomac, d'inconfort abdominal, de douleurs articulaires… et qui ne parvenaient pas à se soulager par les traitements classiques. Et j'ai assisté à d'excellentes améliorations.

J'ai commencé à discuter de ces étonnants résultats avec mes confrères. Ceux-ci m'ont posé des questions auxquelles j'étais bien en peine de répondre. J'ai alors compris que, lorsque l'on s'éloigne de la médecine conventionnelle, il faut être en mesure de répondre de manière rationnelle et scientifique au scepticisme de ses interlocuteurs, au risque d'être pris pour un doux dingue.

C'est une des raisons pour lesquelles je me suis remise à fréquenter les bancs de la fac pour me former à la nutrition puis à la micronutrition. J'ai ensuite mis en pratique mes nouvelles connaissances, quand mes patients le souhaitaient. Le résultat était parfois si rapide que mes patients eux-mêmes se demandaient s'il ne s'agissait pas d'un miracle. Il faut le voir pour y croire !

Ce cadeau que m'a fait Vincent, je ne veux pas le garder pour moi car il est trop beau. Je souhaite le partager avec vous. Et c'est l'objet de ce livre.

À mes confrères, je leur demanderai très humblement de ne pas me juger sur le fait que les notions nutritionnelles que je présente dans mon ouvrage ne sont pas enseignées dans notre spécialité. Au contraire, je les encourage à les tester, et pourquoi pas sur eux-mêmes pour commencer.

Aux laboratoires pharmaceutiques traditionnels qui pourraient s'inquiéter de mes propos, je les rassurerai en leur disant qu'ils ne seront pas au chômage demain ; la « malbouffe » actuelle envahit à grands pas de très nombreuses tables et beaucoup de patients ne sont pas encore prêts à se lancer dans une telle démarche nutritionnelle. En effet, un tel traitement ne peut s'envisager qu'en collaboration intime avec ceux qui sont prêts à bousculer leurs idées reçues et leurs habitudes. Cette approche thérapeutique est absolument passionnante car elle nécessite de comprendre tous les mécanismes responsables des troubles afin d'apporter la bonne réponse alimentaire. Je suis devenue une grande passionnée de la nutrition et vous invite à partager avec moi toute cette approche encore trop peu connue.

INTRODUCTION

AVEZ-VOUS UN REFLUX GASTRO-ŒSOPHAGIEN ?

– Ça vous chatouille ou ça vous gratouille ?

– Ça me brûle, là, au niveau de l'estomac !

– Bien. Et ça vous remonte ou ça vous redescend ?

– Le plus souvent, ça me remonte, parfois même jusque dans la gorge !

– Bien, bien. Et ça vous prend quand ?

– Le plus souvent après le repas ou même le soir quand je suis couché. Et aussi quand je me baisse !

– Bien, bien, bien. Vous avez un reflux typique. Et des petites douleurs dans le ventre, des ballonnements, des flatulences, des troubles du transit, des douleurs dans les articulations, vous en avez aussi ?

– Ah oui, parfois ! Mais pourquoi ? Il y a un lien ? Et pourquoi dites-vous toujours « bien, bien » ? Vous croyez que c'est bien d'avoir un reflux ?

– C'est bien, oui, car vous êtes tombé sur le bon livre. Avec ce compagnon, vous allez pouvoir juger du pouvoir étonnant de l'alimentation sur le reflux, mais aussi sur toute une série de problèmes qui empoisonnent votre quotidien. Cette approche par la nutrition est souvent ignorée des patients et des médecins. Elle est pourtant d'une redoutable efficacité. D'ailleurs, la littérature scientifique est truffée d'études sur le reflux – près de 19 000 à ce jour – dont de très nombreuses permettent d'approcher l'origine du problème ! Pour tout vous dire, la gastro-entérologie est un domaine bien vaste. Aussi, ai-je choisi de m'intéresser plus particulièrement au reflux gastro-œsophagien.

– Pourquoi ce choix ?

– Pour plusieurs raisons. D'abord parce que cette maladie m'a emmenée vers la nutrition, discipline enthousiasmante qui a transformé mon regard sur toutes les maladies. Cette science m'a surtout permis de comprendre que l'exploration du « terrain » du patient, avec ses habitudes de vie, son passé, son stress, sa génétique… était primordiale dans une démarche thérapeutique. Avec, bien sûr, une petite difficulté : une histoire différente pour chaque « reflueur », ce qui va nécessiter une approche adaptée à chaque cas. Ensuite, parce que le reflux est un vrai problème de santé publique. Vous n'êtes pas le seul dans cette galère ! 10 % de la population se plaint de cette affection bénigne, qui ne se gêne pas pour évoluer vers des complications parfois graves, et qui induit un risque, rare mais réel, d'évolution vers le cancer. Enfin, le traitement classique le plus largement répandu fait appel aux médicaments bloqueurs de l'acidité prescrits très souvent à vie. Et parfois même à la chirurgie. Peu de personnes parlent du traitement nutritionnel. Il est pourtant nettement plus économique, et ses résultats sont souvent très rapides (quelques jours à quelques semaines). Ce traitement, ce n'est pas une cuisine, c'est une véritable thérapeutique, basée sur des études scientifiques sérieuses. Il permet de supprimer le reflux mais également les maladies associées comme la colopathie, les douleurs articulaires, le surpoids… Et ça, c'est quelque chose qu'on ne m'avait jamais appris et que j'ai compris en traitant les reflueurs comme vous ! Mais si on réfléchit bien, il est normal que le corps réponde favorablement si on lui offre les bons ingrédients. C'est bien dommage qu'une telle thérapeutique n'ait pas sa place dans la panoplie des traitements habituellement proposés aux patients !

Dans ce livre, je vais vous inviter à découvrir tous les visages du reflux, qui, en dehors des brûlures évidentes comme celles que vous présentez, peuvent prendre l'aspect trompeur d'une toux chronique ou d'une angine de poitrine. Je vous expliquerai également tous les risques évolutifs (ulcérations, rétrécissement et cancer) qui cachent fort bien leur jeu puisqu'ils peuvent provenir d'un reflux peu gênant. Je vous parlerai des examens à pratiquer, puis je vous inviterai à approcher la compréhension des mécanismes intimes du reflux. Cette étape est nécessaire pour mieux comprendre cette pathologie et lui apporter des traitements adaptés.

Un reflux peut empoisonner la vie, vous le savez bien ! Alors, bien sûr, je détaillerai les divers traitements en insistant sur le traitement nutritionnel, le moins connu. Son efficacité, spectaculaire dans la plupart des cas, mérite qu'on s'y attarde ! Qui pourrait imaginer qu'il est possible de ne plus souffrir en quelques jours ? Je vous vois douter, aussi vais-je faire mon possible pour vous convaincre et vous tenter car, je le reconnais, il est plus facile d'avaler une pilule par jour que de remettre en question son mode alimentaire et son hygiène de vie ! Les difficultés de cette histoire ? Il y en a deux. D'abord, cette approche nécessite de la motivation. Vous en aurez besoin pour accepter de bouleverser vos habitudes. Ensuite, il faudra faire preuve de perspicacité pour trouver, à travers mes conseils, l'alimentation adaptée à votre cas ! Car vous êtes unique au monde, avec votre patrimoine génétique, votre équipement enzymatique, votre flore intestinale, votre niveau de stress, vos habitudes de vie... Ce serait trop simple si tous les individus pouvaient manger la même chose ! Cette difficulté, c'est le petit piment de toute cette histoire. Pour la surmonter, une grande complicité entre le patient et son thérapeute est nécessaire. Car tout le pouvoir de guérison est entre vos mains, il faut que vous en preniez bien conscience. Je serai là pour vous guider sur ce chemin nouveau pour vous !

Des témoignages de patients viendront vous encourager. Enfin, des conseils pratiques et 45 recettes savoureuses vous permettront de mettre le pieds à l'étrier. La réussite appartient aux volontaires mais aussi aux curieux qui vont s'amuser à découvrir des nouvelles saveurs. Car, bien sûr, nutrition ne rime pas avec régime triste !

Plus qu'un simple traitement nutritionnel du reflux, je vous propose une véritable hygiène de vie alimentaire, intéressante pour toute la famille. Il suffit juste de l'adapter à chacun. Votre femme ou votre mari n'a pas de reflux ? Qu'importe ! Elle ou il a sûrement quelques kilos à perdre, une colopathie, des douleurs articulaires… Il est nécessaire de comprendre que le traitement nutritionnel du reflux, c'est aussi le traitement de nombreuses autres maladies. Tout un vaste programme qui n'a pas fini de surprendre !

Alors maintenant : à votre livre, prêt, partez !

PREMIÈRE PARTIE

LE REFLUX DÉVOILÉ

QU'EST-CE QU'UN REFLUX GASTRO-ŒSOPHAGIEN ?

LE REFLUX GASTRO-ŒSOPHAGIEN (DE « GASTRO », L'ESTOMAC, et « œsophage », le tube qui relie la cavité buccale à l'estomac) a plusieurs visages. Parfois, il est franc. Le diagnostic est alors aisé pour le médecin et souvent même pour le patient. Parfois, il se cache sous un masque trompeur, heureusement de plus en plus reconnu. Il doit alors être étudié dans le contexte global du reflueur (nom donné à celui qui souffre de reflux gastro-œsophagien).

Au départ de son histoire, le reflux évolue de manière bénigne. Son principal inconvénient réside alors dans sa chronicité qu'il faudra gérer au long cours et qui pourra perturber la qualité de vie. Le reflux peut ensuite s'accompagner de complications, parfois sérieuses comme le cancer, qui peuvent émailler son chemin.

Prenons le temps d'étudier ce reflux pour mieux le dépister et le surveiller. Et pour cela, commençons par nous pencher sur le système digestif.

La digestion commence au niveau de la bouche par la mastication. Les aliments sous forme de « bol alimentaire » sont alors déglutis, descendent rapidement dans l'œsophage et pénètrent dans l'estomac où ils séjournent plus ou moins longtemps. Ils passent ensuite dans le duodénum où ils reçoivent la bile et les enzymes provenant du pancréas. Ils pénètrent alors dans l'intestin grêle où va s'achever la digestion par les enzymes. C'est également au niveau de

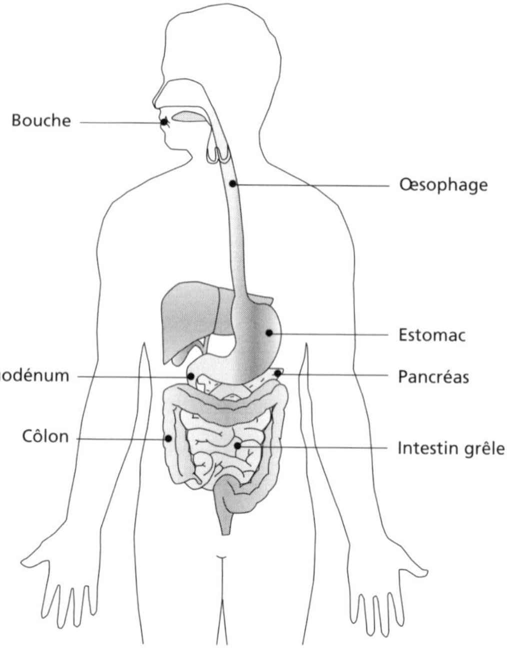

l'intestin grêle que les nutriments, dont la digestion est maintenant achevée, sont absorbés en passant dans le sang en même temps que les vitamines et la plupart des sels minéraux. Les aliments passent alors dans le gros intestin (côlon), qui se charge de la réabsorption de l'eau et des sels minéraux. Les bactéries coliques terminent la digestion des aliments non digérés (les fibres).

On parle de reflux gastro-œsophagien (RGO) lorsqu'il y a passage d'une partie du contenu gastrique dans l'œsophage. Le phénomène de remontée gastrique est considéré comme normal, autrement dit « physiologique », s'il est peu fréquent et non gênant. Il devient pathologique lorsqu'il devient perceptible, fréquent, notamment s'il perturbe la vie de tous les jours. Il présente alors un risque de complications.

On peut mesurer l'intensité d'un reflux acide dans l'œsophage grâce à un « pH-mètre », un appareil de mesure de l'acidité œsophagienne dont nous détaillerons le fonctionnement après (page 47). On considère qu'un reflux est physiologique lorsque le bas de l'œsophage baigne dans une ambiance acide avec un pH inférieur à 4 pendant moins de 5 % du temps, soit environ 1 heure 15 par 24 heures.

LE PH, C'EST QUOI ?

Le pH mesure l'acidité ou la basicité d'une solution. L'échelle du pH s'étend de 0 à 14. Ainsi, un milieu :
• avec un pH inférieur à 7 est acide (plus il s'approche de 0, plus il est acide) ;
• avec un pH supérieur à 7 est basique ;
• avec un pH égal ou proche de 7 est neutre.

GROS PLAN SUR LA JONCTION ENTRE L'ŒSOPHAGE ET L'ESTOMAC

L'œsophage est un organe qui se présente sous la forme d'un tube relié à la poche de l'estomac par l'intermédiaire de la jonction « œso-gastrique ». Cette jonction a une fonction de barrière anti-reflux assurée par trois structures anatomiques :
• l'angulation que fait le bas de l'œsophage avec la partie supérieure de l'estomac qui, en comprimant l'angle (de His), participe à la prévention des remontées d'aliments ;
• la localisation intra-abdominale de la partie terminale de l'œsophage, qui permet un effet compressif anti-reflux assuré par la pression abdominale ;
• et surtout le diaphragme (nappe musculaire située entre le thorax et la cavité abdominale percée d'un orifice laissant passer l'œsopha-

ge) qui joue le rôle d'un véritable sphincter externe grâce à un pilier cravatant le bas de l'œsophage et capable de se contracter en cas de pression abdominale intense.

Une quatrième structure renforce l'efficacité de cette barrière anti-reflux : le sphincter inférieur de l'œsophage, une zone située au niveau du muscle sur les derniers centimètres en bas de l'œsophage et qui fait beaucoup parler de lui dans le reflux gastro-œsophagien.

Ce sphincter est le plus souvent contracté pour empêcher le contenu gastrique de remonter dans l'œsophage. Bien sûr, il peut aussi se relâcher pour laisser glisser le bol alimentaire. Les déglutitions déclenchent en effet une contraction qui va se propager tout le long de l'œsophage en propulsant les aliments. Cette motricité de l'œsophage est possible grâce à la présence dans sa paroi de deux couches musculaires (l'une circulaire et l'autre longitudinale) innervées.

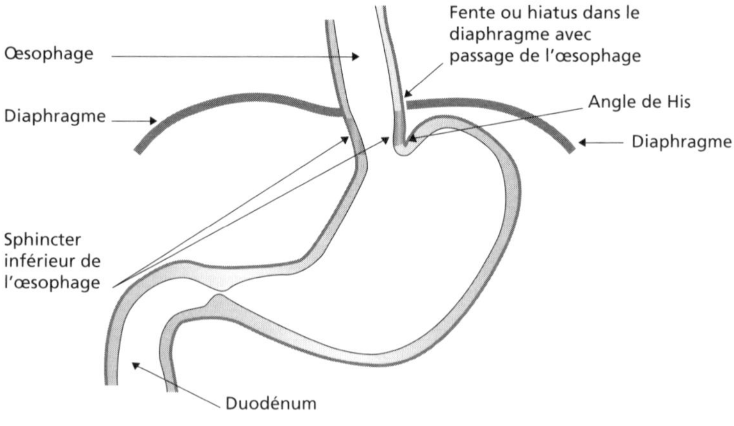

Pourquoi la barrière anti-reflux est-elle indispensable ? Parce que, en son absence, la pression abdominale pousserait le contenu gastrique à remonter. Cette barrière a pour objectif d'éviter le reflux de l'estomac, soumis à une pression abdominale positive, vers l'œsophage qui subit une pression thoracique négative.

QU'EST-CE QUI REMONTE LORS DU REFLUX ?

Le reflux provient de l'estomac. Le liquide qui remonte contient généralement :
• de l'acide sécrété par l'estomac ;
• de la pepsine, une enzyme gastrique chargée de commencer la digestion des protéines.
Il peut contenir aussi :
• de la bile, un liquide sécrété par le foie au niveau du duodénum, dont la fonction est de faciliter la digestion des graisses ;
• des enzymes pancréatiques sécrétées également dans le duodénum et destinées à digérer les protéines, les sucres et les graisses ;
• des gaz (environ 50 % des reflux acides sont accompagnés de gaz) ;
• et des aliments en cours de digestion.

LE REFLUX DE L'ADULTE COMMENCE-T-IL DANS L'ENFANCE ?

On pense souvent que le reflux intervient après la quarantaine. En fait, les études ne montrent pas d'influence de l'âge sur le reflux même si, c'est vrai, les complications du reflux augmentent avec l'âge. Beaucoup d'enfants présentent du reflux, et de nombreux auteurs se sont demandé s'il n'existait pas un lien entre ces reflux de l'enfance et ceux de l'âge adulte. Après un an d'évolution, alors que les symptômes du reflux s'améliorent chez la moitié des enfants grâce à de petites modifications de l'hygiène de vie et sans médicament, certaines lésions de l'œsophage persistent. Lorsqu'on étudie des jeunes adultes reflueurs d'âge moyen de 18 ans, chez plus de la moitié on retrouve un passé de reflux qui se situe autour de leur dixième année. Il y aurait donc bien un lien entre la présence d'un reflux durant l'enfance (et non la petite enfance) et le risque de reflux à l'âge adulte.

La présence de bile ou d'enzymes pancréatiques dans le reflux est fréquente. Ces composés vont agresser la paroi de l'œsophage et contribuer à l'inflammation de celui-ci. Vous verrez plus loin que, lorsque le liquide de reflux contient de la bile, les lésions de la paroi interne de l'œsophage sont plus sérieuses.

LES MULTIPLES FACETTES DU REFLUX

La plupart du temps, le reflux gastro-œsophagien est facile à reconnaître. Il s'accompagne de symptômes typiques, faciles à identifier. Cependant, dans certains cas, les signes sont moins évidents et peuvent même être trompeurs.

LES SIGNES TYPIQUES : LES REMONTÉES ACIDES ET LES RÉGURGITATIONS

Ça vous brûle en remontant le long de l'œsophage ? C'est un pyrosis ! Une partie du contenu de l'estomac remonte jusque dans votre gorge sans que ce phénomène ne soit lié à des nausées ou des vomissements ? Ce sont des régurgitations ! Ces deux symptômes, pyrosis et régurgitations, sont caractéristiques du reflux. Vous avez sûrement remarqué que ces maux surviennent habituellement dans les deux heures qui suivent un repas, ou sont déclenchés par la position fléchie en avant ou couchée.

LES SIGNES ATYPIQUES ET TROMPEURS : DES CAS DE FIGURE TRÈS VARIÉS

Le reflux, avec ses désirs de grandeur, n'hésite pas à s'exposer parfois dans des tenues provocantes en gastro-entérologie mais aussi en pneumologie, en cardiologie, en otorhinolaryngologie et en stomatologie.

Les symptômes digestifs

La douleur de l'estomac

Elle est localisée au creux de l'estomac dans la région appelée « épigastrique ». Elle peut se présenter comme une brûlure, parfois une crampe, une pesanteur… L'horaire de la douleur (après le repas), son déclenchement par la position couchée ou fléchie vers l'avant représentent des indices bien utiles pour confirmer le diagnostic de RGO.

Les nausées

Les personnes anxieuses ou dépressives victimes de reflux souffrent souvent de nausées. Ces désagréments sont décrits classiquement dans les ouvrages comme un symptôme du reflux. En réalité, il est tout à fait possible que ce soit les nausées qui entraînent le reflux et non l'inverse.

Les difficultés de digestion

Nombreux sont ceux qui connaissent, surtout lors de repas un peu trop copieux, une digestion difficile associant pesanteurs et éructations ! Celle-ci est liée à une certaine lenteur digestive appelée « dyspepsie », qui correspond à une paresse de la vidange de l'estomac. Là encore, il est probable que le reflux soit la conséquence de ces anomalies, plutôt que la cause. Nous en reparlerons…

Les blocages alimentaires ou « dysphagie »

Alors que vous êtes tranquillement en train de manger, une bouchée décide de stationner en bas de l'œsophage. Cette désagréable sensation d'obstacle ou de gêne lors de la déglutition d'aliments est appelée « dysphagie ». Elle démarre de façon intermittente et peut s'aggraver en devenant continue et en obligeant à limiter les aliments solides. Ces blocages peuvent être la conséquence d'un reflux, d'un rétrécissement ou de troubles moteurs de l'œsophage…

Attention ! à ne pas vouloir rendre responsable le reflux de tous les problèmes émanant de la partie supérieure du tube digestif !

Les symptômes extra-digestifs

Le reflux est un joueur. Il peut en effet s'exprimer par des manifestations originales qui peuvent surprendre en affectant d'autres organes que les organes digestifs. Quoi qu'il en soit, la plupart des patients qui présentent des manifestations atypiques du reflux gastro-œsophagien présentent aussi un pyrosis ou des régurgitations, ce qui facilite et redresse le diagnostic.

Cependant, lorsque ces plaintes trompeuses sont isolées, le diagnostic est plus délicat, surtout si l'endoscopie (lire encadré) ne retrouve pas de signe de complications du reflux.

L'ENDOSCOPIE, UNE TECHNIQUE POUR EXPLORER L'ŒSOPHAGE

Pour évaluer les dégâts subis par l'œsophage, il est possible d'y introduire, via la bouche, un tube souple, fin, muni d'une lumière. C'est l'endoscopie. On parle de « fibroscopie » lorsque le tube est constitué de fibres optiques. Actuellement, on utilise une mini-caméra connectée à un écran vidéo, c'est la vidéo-endoscopie. Cette technique d'exploration permet au médecin d'observer précisément l'état de la muqueuse. L'endoscope possède un canal dans lequel on peut glisser une pince qui permet alors de prélever un petit morceau d'œsophage (prélèvement ou biopsie) pour l'analyser. Nous détaillerons le principe de cette technique dans le chapitre sur les examens (page 43).

Les douleurs thoraciques

Une douleur intense qui vous prend là, au niveau du cœur, et qui vous donne l'impression d'être dans un étau qui vous gêne pour respirer, voilà de quoi vous sentir angoissé ! Cette pseudo-angine de poitrine constitue une forme atypique peu évidente mais bien connue actuellement des cardiologues. Bien sûr, ce n'est qu'après l'élimination d'une cause cardiaque que cette douleur pourra être rapportée au reflux. Elle semble favorisée par un temps prolongé d'exposition à l'acide ou par une concentration intense en acide du reflux.

Les problèmes touchant la sphère ORL (nez/gorge/oreilles)

Vous êtes constamment enroué, vous avez souvent la voix cassée ou êtes souvent aphone ? Vous ressentez fréquemment des douleurs de type angine ou des chatouillements dans la gorge ? Vous avez chroniquement un écoulement nasal postérieur qui vous fait avaler en permanence. Ou encore une douleur à l'oreille ? Ou des éternuements chroniques ? Aussi étonnant que cela puisse paraître, c'est peut-être un reflux ! D'ailleurs, d'autres signes très éloignés des simples remontées acides « typiques » peuvent évoquer un RGO. C'est le cas lorsque vous avez souvent l'impression gênante d'avoir un corps étranger au fond de la gorge, sensation qui conduit à des raclements et qui s'améliore ou disparaît lors de l'absorption de liquide ou d'aliments qui balaient le reflux. Ou bien si vous avez des sinusites ou otites chroniques. Ou encore des érosions dentaires et, chez les personnes anxieuses, une sensation de boule dans la gorge (appelée savamment « globus hystericus »). Parfois, les plaintes prédominent au réveil. Elles sont dans ce cas la conséquence de reflux nocturne.

Comment expliquer ces signes ? Ils sont le résultat de l'action de l'acide gastrique sur les muqueuses de la bouche et de la gorge. D'ailleurs, ceci peut être mis en évidence par les enregistrements du reflux.

Les otorhinolaryngologistes connaissent bien cette forme trompeuse de reflux et éliminent un problème local avant de confier leur patient au gastro-entérologue.

Les signes pulmonaires

Vous plaignez-vous d'une toux chronique plutôt sèche, rebelle, volontiers nocturne, ou d'asthme, mais aussi d'infections bronchopulmonaires récidivantes, de pneumonie, de bronchite chronique ?

Ici encore, c'est peut-être un reflux. D'ailleurs, les signes pulmonaires sont fréquents lorsque l'on souffre de RGO. Les études montrent que 10 à 20 % des toux et 65 à 72 % des asthmes relèvent d'un reflux.

Là encore, il faut d'abord éliminer en priorité un problème pulmonaire.

Ces signes pulmonaires peuvent être dus à un réflexe de « spasme bronchique » qui a lieu suite au contact de l'acide sur l'œsophage ou l'aspiration dans les voies aériennes d'une infime quantité de reflux.

Le problème est plus complexe dans les maladies pulmonaires qui, en modifiant les pressions dans l'abdomen et le thorax, peuvent favoriser le reflux. Dans ce cas, ces deux affections – reflux et maladies pulmonaires – peuvent s'auto-aggraver.

L'APPROCHE GLOBALE, INDISPENSABLE POUR TRAITER LE RGO

Vous l'avez compris, il est fondamental de prendre en compte l'ensemble des problèmes de santé dont souffre le refluer. La médecine moderne donne à tort l'impression que l'homme peut être découpé en plusieurs organes à traiter individuellement. Or, un langage permanent existe entre toutes les cellules de l'organisme, et l'ensemble des plaintes doit être considéré, les plus évidentes mais aussi les plus discrètes.

De la même manière que des infections urinaires à répétition orientent vers une perturbation de la flore intestinale ou que des douleurs articulaires doivent faire penser à une hyperperméabilité intestinale, il est important de repérer une digestion lente, une constipation, une obésité ou même une prise de poids, un état de stress… car ceux-ci favorisent le reflux.

UNE ÉVOLUTION SOURNOISE À SUIVRE DE PRÈS

COMMENT EXPLIQUER QU'UNE AFFECTION BÉNIGNE, A PRIORI liée à un simple dysfonctionnement, puisse évoluer vers des problèmes parfois graves comme le cancer ? Parce qu'un reflux, c'est bien plus complexe qu'un simple clapet qui fermerait mal. En fait, les anomalies fréquentes de la motricité de l'œsophage constatées chez les reflueurs sont intimement associées à de multiples perturbations organiques qui sont au début invisibles lors de l'endoscopie et qui évoluent à bas bruit : inflammation détectée uniquement sur les biopsies, élargissement de l'espace situé entre les cellules de l'œsophage témoignant d'une altération précoce de la perméabilité de la paroi (également indétectable lors des biopsies)... Ainsi, les lésions du tissu œsophagien commencent très tôt mais passent le plus souvent inaperçues.

UN PROBLÈME QUI PERDURE DANS LE TEMPS

L'évolution chronique du reflux gastro-œsophagien est le plus souvent constante. Ainsi, 70 à 80 % des reflueurs se plaignent encore de leurs maux quatre à dix ans après avoir été diagnostiqués, et ce, quelle que soit l'intensité du reflux acide dépisté en pH-métrie (exploration permettant la mesure de l'acidité remontant sur l'œsophage, page 47).

UNE ALTÉRATION DE LA QUALITÉ DE VIE

Le retentissement du reflux sur la vie quotidienne n'est pas toujours facile à apprécier. Le reflux altère la qualité de vie dès qu'il devient chronique et survient plusieurs fois par semaine. Les études montrent que 60 à 90 % des patients souffrant de RGO prennent un traitement médicamenteux pour se soulager et améliorer leur qualité de vie. Ce retentissement dépend de nombreux facteurs comme la fréquence de la survenue des reflux, leur intensité, leur retentissement sur l'alimentation, le sommeil, le psychisme, la vie relationnelle et sociale. L'OMS définit la santé comme un état de « bien-être physique, mental et social ». Afin de mesurer précisément l'impact du reflux, de nombreux chercheurs ont mis au point des questionnaires destinés à évaluer la dimension de la souffrance du reflueur qui s'étend bien au-delà de la simple douleur.

DES COMPLICATIONS QUI CONTRASTENT AVEC UNE MALADIE A PRIORI BÉNIGNE

Les complications du reflux sont très fréquentes ; elles se rencontrent chez 40 à 50 % des reflueurs chroniques. Les plus fréquentes sont les érosions correspondant en fait à des ulcérations superficielles de l'œsophage (œsophagites érosives). Les ulcères plus profonds, le rétrécissement de l'œsophage, la transformation de la muqueuse ou le cancer de l'œsophage sont heureusement beaucoup moins fréquents.

La fréquence des complications augmente avec l'âge. Mais ce n'est pas le seul facteur d'aggravation. En effet, plus l'œsophage est longtemps exposé à l'acide, plus les lésions sont sérieuses (voir graphique). Normalement, le pH de l'œsophage se situe entre 6 et 7 ; on estime que son acidification est notable à partir de 4. L'intensité de l'acidité n'est pas non plus innocente, et un reflux dont le pH est très bas (inférieur à 2) va encore plus agresser la muqueuse œsophagienne.

Plus l'exposition acide est intense, plus les lésions sont sévères

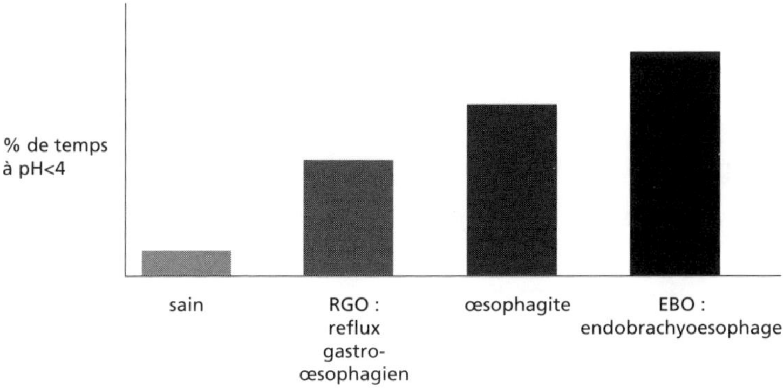

Source : Traité de Gastroentérologie. J.C. Rambaud. Flammarion, Paris 2000

LA SOUFFRANCE NE REFLÈTE PAS LE DEGRÉ DE GRAVITÉ DU REFLUX

Il n'y a pas de parallélisme entre les plaintes et l'intensité des lésions dépistables par l'endoscopie. Les complications peuvent être ainsi révélatrices d'un reflux. En un mot, on peut trouver une lésion sérieuse ou grave chez un individu se plaignant relativement peu. Ceci explique la règle selon laquelle tout reflux chronique mérite et nécessite une endoscopie œso-gastro-duodénale. En revanche, plus les lésions visibles lors de la fibroscopie seront sévères, moins vite elles cicatriseront et plus rapides seront les récidives.

Inflammation de l'œsophage avec ulcérations : les œsophagites érosives

Pas le moindre indice tiré de l'analyse des plaintes ne peut permettre de suspecter l'existence ou non d'une œsophagite ulcérée. Cette œsophagite (inflammation de l'œsophage) avec des ulcérations le plus souvent superficielles et peu étendues en hauteur, c'est un peu la surprise du chef ! Seule l'endoscopie permet de les détecter. Environ 30 % à 40 % des reflux réguliers sont accompagnés de ces œsophagites érosives. Elles sont jugées non sévères dans 90 % des cas. Les lésions sont généralement plus sévères chez les personnes âgées, en raison d'un long passé d'exposition à l'acidité majoré par la diminution des défenses. Parfois, certaines œsophagites, le plus souvent modérées, peuvent être totalement silencieuses.

Ulcère de l'œsophage

Un ou deux ulcères plus profonds peuvent compliquer un reflux. Dans ce cas, toujours pour éliminer une lésion cancéreuse, une surveillance est mise en place et des biopsies sont réalisées lors de la fibroscopie. Ces ulcères compliquent environ 5 % des œsophagites. Ils peuvent parfois être responsables d'hémorragies.

Rétrécissement de l'œsophage : sténose

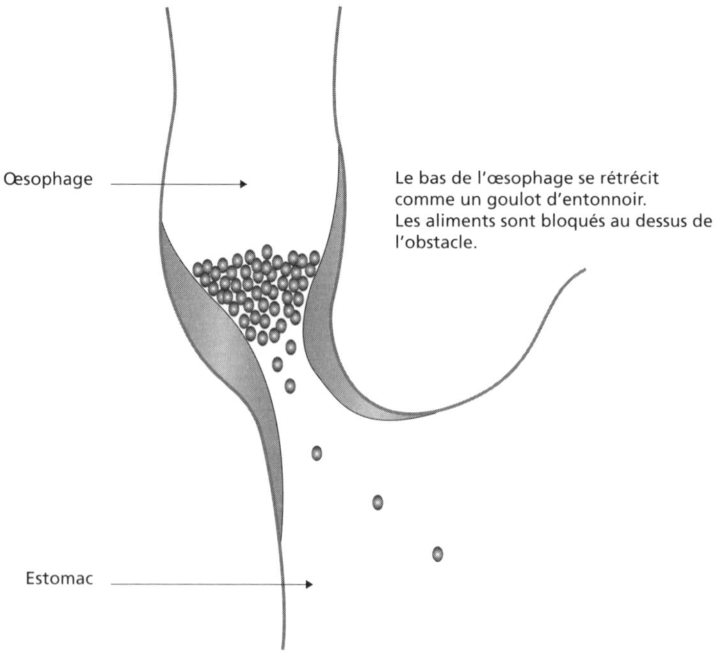

Ce type de problème est rencontré dans moins de 5 % des reflux. Elle est plus fréquente si le reflueur souffre d'inflammation sévère de l'œsophage. En effet, en cas d'œsophagites sévères, les ulcérations profondes entraînent une cicatrisation fibreuse qui rétracte l'œsophage. Le rétrécissement qui en résulte peut être plus ou moins important. Il dépasse cependant rarement les 2 cm. La conséquence d'une sténose c'est qu'un morceau de viande, un morceau de pain peut à tout moment se coincer en bas de l'œsophage.

La sensation, située au niveau du sternum, est fort désagréable, surtout lorsque le morceau a décidé de ne plus bouger malgré l'afflux de liquide que vous lui envoyez ! Ce type de blocage alimentaire est appelé « dysphagie » (obstacle à la déglutition des aliments créant un blocage aux aliments surtout solides). Il s'installe doucement, par à-coups, et survient souvent après un long passé de reflux. Les anti-inflammatoires et l'aspirine augmentent ce risque. Le risque de cancer doit toujours être éliminé par des biopsies lors de l'exploration endoscopique.

Transformation de la muqueuse de l'œsophage : endobrachyœsophage

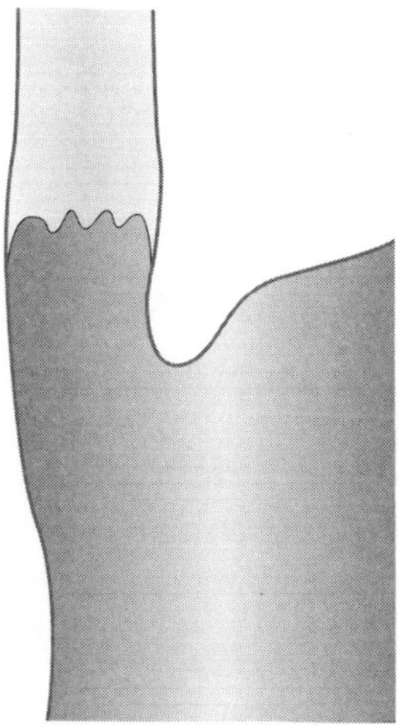

En temps normal, la muqueuse de l'œsophage est rose pâle. Après transformation, elle rougit et ressemble à celle de l'estomac.

Dans 6 à 12 % des cas de reflux, l'œsophage présente dans sa partie terminale une zone de muqueuse anormale qui peut s'étendre sur plusieurs centimètres. Cette transformation se nomme « endobrachyœsophage » ou « métaplasie ». Elle est secondaire à une cicatrisation anormale de lésions ulcérées antérieures. La muqueuse normale œsophagienne a été remplacée par une muqueuse de type gastrique ou intestinale, de nature différente de la muqueuse œsophagienne normale. L'exploration des refluеurs présentant ce type d'anomalie est révélatrice d'un temps d'exposition œsophagien à l'acide très important.

Cette transformation de la muqueuse est facilement reconnaissable lors de la fibroscopie, en raison de sa coloration rouge qui contraste avec la couleur plutôt blanchâtre de la muqueuse œsophagienne. Le diagnostic se fait par la biopsie.

Cela vous intéresse sûrement de connaître les signes qui vont orienter le diagnostic ? Eh bien, pas de chance ! Il n'y a pas de symptôme particulier pour révéler une transformation de la muqueuse.

Au contraire, celle-ci diminuerait les symptômes. Preuve que cette affection peut rester assez silencieuse ! C'est bien ennuyeux car, en cas de transformation de la muqueuse, le risque d'évolution vers le cancer est considérablement augmenté. Il serait multiplié par trente pour une transformation en muqueuse intestinale ! La surveillance endoscopique est donc indispensable dans tous les cas, même si cette affection est plus fréquente chez les personnes obèses et les fumeurs.

Cancer de l'œsophage

Ce cancer, heureusement rare, est le risque évolutif le plus grave du reflux et surtout de la transformation de la muqueuse œsophagienne dont nous venons de parler. Cette muqueuse anormale peut en effet dégénérer et évoluer vers un cancer.

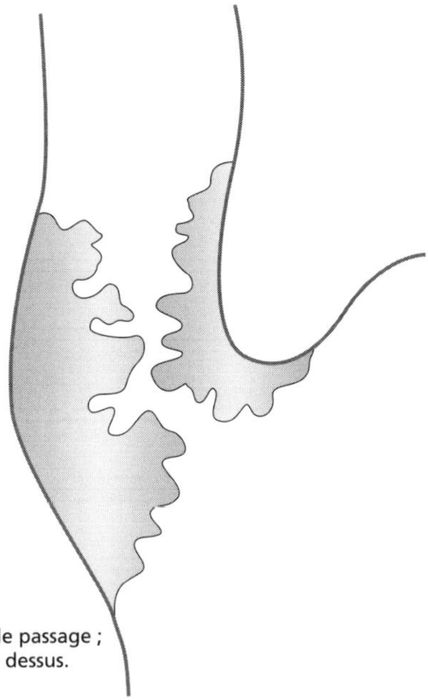

Le cancer prolifère et bouche le passage ;
les aliments seront bloqués au dessus.

Le cancer de l'œsophage est depuis une quinzaine d'années en augmentation constante dans de nombreux pays. En France, les données du registre du cancer de Dijon montrent que sa fréquence a triplé en vingt ans.

Le risque de développer un cancer lorsque l'on souffre d'endobrachyœsophage est en moyenne de 10 à 15 %. Ce risque est d'autant plus important que le reflux est ancien et sévère. En effet, le risque peut être multiplié 40 à 50 fois. Le tabac, l'obésité, mais aussi le fait d'être un homme contribuent également à augmenter ce risque. Le principal symptôme du cancer de l'œsophage est, là encore, la dysphagie (blocage alimentaire) qui peut s'accompagner de fatigue et d'amaigrissement.

On estime qu'il faut environ quatre ans pour qu'un endobrachyœsophage se cancérise. D'où l'importance d'une surveillance régulière endoscopique avec des biopsies recherchant des lésions précancéreuses.

QUELS EXAMENS PRATIQUER EN CAS DE REFLUX ?

POUR LES REFLUX « CLASSIQUES », IL EXISTE UN NOMBRE RESTREINT d'examens à réaliser. Pour établir un diagnostic, le médecin prêtera attention à deux choses : l'existence d'un pyrosis (cette brûlure traçante qui remonte le long de l'œsophage) et la présence de régurgitations acides ou alimentaires. L'horaire de survenue (dans les deux heures qui suivent un repas), tout comme le déclenchement lors de la position couchée ou antéfléchie sont également de bons indices. Dans ces cas-là, aucune exploration complémentaire n'est utile pour le diagnostic. Mais attention : le dépistage des complications du reflux reste indispensable.

QUAND LE REFLUX EST ATYPIQUE, LE DIAGNOSTIC EST PLUS COMPLEXE

Pour mener l'enquête, les médecins ont plus d'un tour dans leur sac de connaissances. En cas de manifestations trompeuses (douleur thoracique, toux…), le médecin essaiera de repérer s'il existe en parallèle des indices évocateurs de reflux tels le pyrosis, les régurgitations, mais aussi l'horaire des plaintes (après le repas), le déclenchement par les postures couchée ou antéfléchie. La présence de ces signes permettra au médecin d'orienter le diagnostic de reflux, après élimination d'une cause cardiaque ou pulmonaire, bien sûr.

Quand, sur son passage, le reflux laisse des traces visibles par **endoscopie** (œsophagite érosive, ulcérations, sténose, transformation de la muqueuse…), le diagnostic est confirmé. En revanche, si la fibroscopie est normale, elle n'élimine pas pour autant l'existence d'un reflux. Pour le vérifier, le médecin a recours à plusieurs types

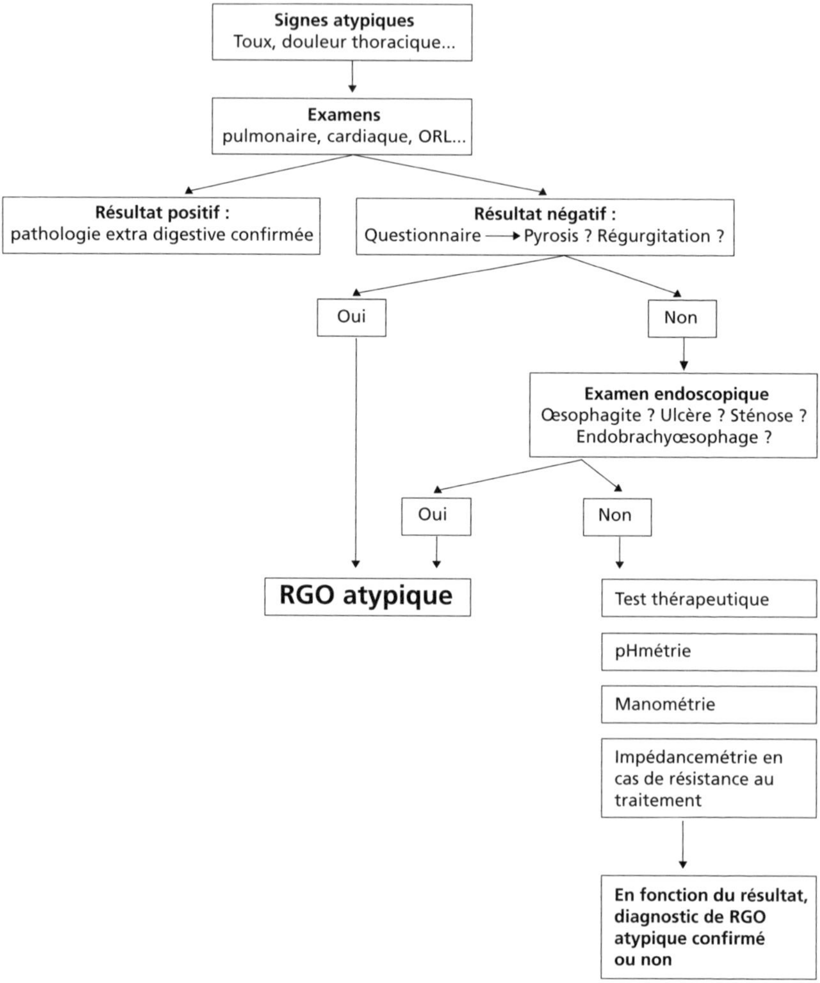

d'examens (détaillés ci-après) : il peut vérifier si l'œsophage est malgré tout exposé anormalement à l'acidité gastrique en mesurant les variations du taux d'acidité durant la journée **(pH-métrie)**. Si cet examen est négatif, le médecin peut alors faire un **test thérapeutique** (élimination de la sécrétion acide par un traitement pour voir si les douleurs disparaissent) ou bien encore utiliser l'**impédance électrique** pour détecter la présence d'un reflux anormal acide, mixte ou alcalin dans l'œsophage. En cas de blocage alimentaire, le médecin peut avoir recours à la **manométrie œsophagienne** pour s'assurer que le problème n'est pas lié à une autre maladie affectant la motricité de l'œsophage.

Attention ! Non seulement, le reflux peut prendre l'aspect de maladies extra-digestives comme la toux, l'asthme, les douleurs pseudo-cardiaques... mais il peut aussi s'associer à de véritables maladies pulmonaires, cardiaques ou ORL.

L'endoscopie

Comme nous l'avons expliqué avant, cet examen est réalisé par l'intermédiaire d'un tube souple, l'endoscope, muni d'une source lumineuse que l'on va introduire dans l'œsophage par la bouche. Le médecin observe les images qui sont retransmises sur un écran. Il peut réaliser des photos grâce à une imprimante reliée à l'écran. Il peut également enregistrer tout l'examen sur un CD. L'examen dure cinq à dix minutes, en fonction des éventuelles biopsies (prélèvement d'un morceau de tissu). Il n'entraîne pas de douleur mais est désagréable. En général, il se pratique avec un simple tranquillisant au cabinet du médecin mais peut aussi être effectué sous anesthésie, en clinique ou à l'hôpital.

L'endoscopie donne des renseignements sur l'état des muqueuses œsophagiennes, gastriques mais aussi duodénales. Elle permet de constater la présence ou non d'une hernie hiatale, d'une œsophagite érosive, d'ulcérations de l'œsophage, de sténose (rétrécissement), de transformation de la muqueuse œsophagienne (endobrachyœsophage) ou de cancer.

Elle est réalisée systématiquement dès que le reflux a tendance à récidiver après un premier traitement, même si les plaintes sont espacées, et cela d'autant plus que le patient est âgé. Cependant, comme les transformations de la muqueuse – facteur de risque important de cancer – peuvent se rencontrer aussi chez les jeunes, cette règle de surveillance peut s'appliquer à tous les reflueurs chroniques. Et ce, d'autant plus que, souvenez-vous, des lésions peuvent se développer sans crier gare.

Voici deux secrets (deux tuyaux !) pour supporter une endoscopie sans anesthésie.

D'abord, si vous avez l'angoisse d'étouffer, rappelez-vous que l'endoscope ne visite pas l'arbre respiratoire ! Et pour vous relaxer, mettez en place une respiration consciente, lente, régulière, abdominale et thoracique. Deuxième conseil : essayez de ne pas avaler pendant tout l'examen, en laissant s'écouler la salive dans un bavoir ; cette dernière recommandation est facilitée par la position couchée sur le côté et l'ouverture de la bouche grâce à un cale-dent.

NE NÉGLIGEZ PAS LA SURVEILLANCE !

Après la mise en place du traitement, le médecin va devoir s'assurer que les signes du reflux s'estompent et que la qualité de vie de son patient s'améliore. Il doit, pour certaines lésions de l'œsophage, pratiquer une endoscopie de contrôle afin de s'assurer du bon déroulement de la cicatrisation. Si le patient souffrait de transformation de la muqueuse, une surveillance régulière endoscopique est particulièrement fondamentale pour s'assurer qu'il n'y a pas d'évolution vers le cancer. En fonction de l'étendue de cette lésion ainsi que des résultats des biopsies antérieures, cette surveillance se fera de manière plus ou moins étroite.

La mesure de l'exposition à l'acidité : pH-métrie œsophagienne

Cet examen est utile pour dépister des formes atypiques en l'absence de lésions d'œsophagite ou autre complication du reflux. Il est basé sur le contrôle de l'acidité présente dans le reflux, sans tenir compte ni des reflux mixtes contenant acide et bile alcaline, ni des reflux essentiellement biliaires. Il permet de mesurer les variations du taux d'acidité qui remonte le long de l'œsophage, grâce à une fine sonde introduite via la narine. L'enregistrement des variations du pH se fait par l'intermédiaire d'un petit boîtier que l'on attache à la ceinture. Les changements de position, douleur, toux… peuvent être enregistrés sur le tracé en appuyant sur un petit bouton du boîtier. Cette exploration n'est pas douloureuse mais plutôt désagréable, d'autant plus qu'elle est généralement réalisée sur 24 heures.

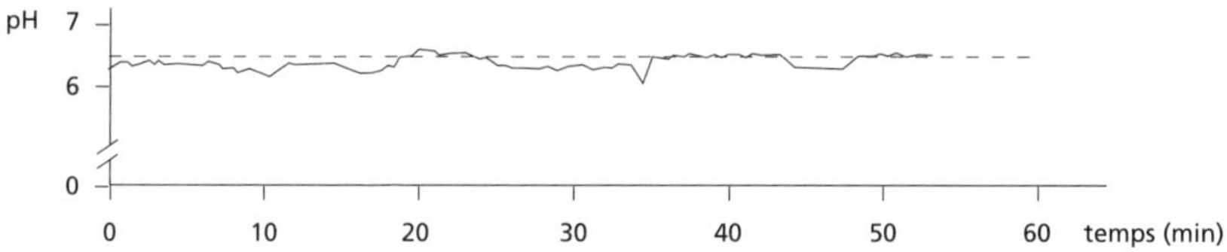

Le pH oesophagien est stable, entre 6 et 7. Il n'y a pas de reflux acide.

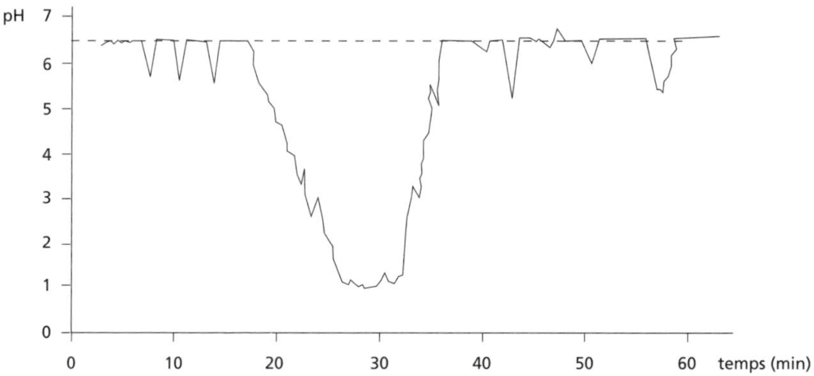

Le tracé montre un épisode important et prolongé de reflux acide.

Le tracé est ensuite interprété par le gastro-entérologue grâce à un logiciel. Plusieurs critères sont retenus, notamment le temps d'exposition de l'œsophage à l'acide à un pH inférieur à 4, la durée et le nombre des reflux ainsi que la correspondance entre les symptômes et les reflux.

Cette exploration n'est pas toujours facile à réaliser, même par des mains expertes, et les résultats sont parfois difficiles à interpréter.

La mesure de la tonicité de l'œsophage et du sphincter : la manométrie œsophagienne

D'une durée moyenne d'une vingtaine de minutes, cet examen est réalisé par l'intermédiaire d'une sonde fine introduite par voie nasale qui permet de mesurer la motricité de l'œsophage. La lecture des données se fait sur un écran d'ordinateur à l'aide d'un logiciel spécialisé.

Cet examen permet d'apprécier la tonicité de base du sphincter inférieur ainsi que son relâchement lors des déglutitions. L'efficacité des contractions œsophagiennes est aussi évaluée. Une bonne motricité est caractérisée par des ondes suffisamment toniques et surtout qui se propagent régulièrement le long de l'œsophage pour bien propulser la salive, les aliments, mais aussi pour bien balayer le reflux.

La manométrie est surtout pratiquée dans les manifestations atypiques du reflux, et plus précisément les douleurs thoraciques ou les blocages alimentaires non accompagnés de rétrécissement de l'œsophage. Elle peut permettre l'élimination d'autres maladies caractérisées par une motricité œsophagienne perturbée et des défauts de relaxation du sphincter inférieur. Elle est pratiquée également dans le bilan préopératoire d'un reflux.

La détection d'un reflux : la mesure de l'impédance électrique dans l'œsophage

Cette mesure s'effectue grâce à un cathéter introduit dans l'œsophage et muni d'électrodes capables d'enregistrer la conductivité électrique. Le contenu gastrique refluant a en effet une conductivité électrique beaucoup plus importante que celle de la paroi de l'œsophage. Cette technique très intéressante permet ainsi de dépister tout reflux qu'il soit acide, biliaire, mixte ou gazeux. Elle n'est pas utilisée pour l'instant en pratique courante. Par exemple, une toux chronique dont le bilan pulmonaire et ORL est négatif, sans œsophagite, avec une pH-métrie normale et un traitement test anti-reflux négatif, peut être liée à un reflux non acide qui pourra être dépisté par une mesure de l'impédance œsophagienne.

Le test thérapeutique

Le principe de ce test est de supprimer la sécrétion acide par un traitement médicamenteux afin de voir si les symptômes gênants persistent. Pour cela, une forte dose de médicaments est administrée pendant une durée de 2 à 3 mois. Ce test fonctionne, à la condition que le reflux soit acide.

Après avoir largement détaillé tous les facettes du reflux (symptômes, diagnostic et surveillance), je vous invite maintenant à vous plonger dans les mécanismes intimes à l'origine de cette affection si commune. Ils permettront de mieux comprendre comment les traitements ou les modifications alimentaires peuvent permettre d'en venir à bout.

DEUXIÈME PARTIE

LES DIX CAUSES DU REFLUX

À LA RECHERCHE D'UN COUPABLE

L'EXPLICATION LA PLUS FRÉQUEMMENT ÉVOQUÉE POUR LE reflux est l'incompétence du sphincter inférieur de l'œsophage : celui-ci serait trop mou, se relâcherait trop souvent, aurait de la peine à prévenir l'assaut du contenu gastrique vers l'œsophage… Cependant, plusieurs études privilégient davantage l'hypothèse d'un défaut de résistance de la muqueuse œsophagienne. Ainsi, le reflueur aurait une muqueuse œsophagienne défaillante sur le plan de ses capacités de protection antiacide gastrique. Faut-il se contenter de ces deux hypothèses ? Sont-elles à l'origine même du problème ou sont-elles plutôt des passages intermédiaires à des causes plus profondes encore mal étiquetées ? Quelles seraient alors ces autres causes ? Seraient-elles les mêmes pour tous les reflueurs ?

Pour comprendre le mécanisme du reflux, je vous propose une plaidoirie à la recherche d'un coupable. Vous serez juge et moi, avocat de la défense de tous les accusés.

L'étude du lieu du délit a déjà été détaillée dans le premier chapitre (page 25). Il est peut-être nécessaire pour certains juges de reconsidérer ce lieu du crime avant de voir défiler tous les accusés.

En tant qu'avocat de la défense, je vais vous exposer maintenant l'histoire de dix suspects que nous avons sous la main. Je tenterai de discerner, de la manière la plus objective possible, leur degré d'implication dans le reflux.

ACCUSÉ N° 1 :

LA GÉNÉTIQUE

« MA GRAND-MÈRE AVAIT UN REFLUX, MA MÈRE AVAIT UN reflux, c'est donc normal que j'aie moi aussi un reflux ! » La génétique a toujours bon dos ! La réalité n'est pourtant pas si simple. Les études chez les jumeaux montrent, c'est vrai, qu'une personne dont le frère souffre de reflux a plus de risque que les autres d'avoir lui aussi un jour ce problème. Ce risque est plus élevé chez les vrais jumeaux (génétiquement identiques) que chez les faux jumeaux (qui sont comme de classiques frères). On sait aussi par ailleurs que les membres d'une famille dans lesquelles il existe un ou plusieurs cas de transformation de la muqueuse ou de cancer de l'œsophage ont deux fois plus de risques d'avoir un reflux sévère. La génétique constitue ainsi une prédisposition, qui favorise mais n'implique pas obligatoirement le développement du reflux. Elle va faciliter sa survenue sous l'influence d'autres causes. Car, effectivement il n'y a pas que la génétique qui joue un rôle ! D'autres études montrent en effet que de nombreux reflueurs n'ont pas de personnes souffrant de reflux dans leur famille.

D'ailleurs, accepter la génétique comme unique coupable obligerait à baisser les bras devant de nombreuses maladies. Avouez que cela serait bien dommage !

ACCUSÉ N° 2 :

LE SPHINCTER ANTI-REFLUX TROP MOU

Ah, le voilà, l'accusé chouchou de la presse médicale ! Il faut dire qu'il est vraiment mal placé, au cœur même du lieu du délit, à la jonction entre l'œsophage et l'estomac. C'est lui qui doit maintenir une pression suffisante pour que le contenu de l'estomac ne remonte dans l'œsophage. Sa défense sera délicate car il est la cible préférée de toutes les accusations. Un petit détour dans la littérature médicale est nécessaire pour rechercher des éléments le déculpabilisant.

Il est vrai que ce sphincter peut être un peu moins tonique ou un peu plus mou ! Bien sûr, on comprend aisément qu'une partie du contenu gastrique ne va pas se gêner pour faire un tour dans l'œsophage. Mais, heureusement pour la défense de notre ami, les études montrent que si parfois cette pression peut être diminuée (principalement dans les œsophagites sévères), c'est loin d'être le cas dans tous les reflux. D'ailleurs, on retrouve le plus souvent des valeurs identiques chez les reflueurs et les non-reflueurs. Impossible donc de condamner le sphincter sur ce point.

RELAXATIONS TRANSITOIRES

En revanche, ce sphincter est accusé de trop se relâcher. C'est normal qu'il se relâche après les déglutitions, juste avant le passage du bol alimentaire, sinon la bouchée serait coincée et ne pourrait atteindre l'estomac (et ce n'est pas un coup de bol, c'est un mécanisme complexe bien organisé d'origine réflexe !). Mais c'est vrai qu'il lui arrive aussi de se relâcher en dehors de ces déglutitions ! Ces relaxations, appelées « relaxations transitoires du sphincter de l'œsophage », peuvent effectivement favoriser du reflux. Elles surviennent essentiellement dans les deux heures qui suivent un repas. Mais alors, qu'est-ce qui fait qu'à un certain moment le sphincter se relâche au lieu de rester sous pression ? Les raisons sont multiples… et sont autant de circonstances atténuantes pour cet accusé !

L'INFLUENCE DE FACTEURS ALIMENTAIRES

Par exemple, l'arrivée d'aliments comme le lactose du lait dans le côlon, la partie terminale du tube digestif (page 24), peut déclencher ces relaxations. Normalement, grâce à une enzyme appelée « lactase », le lactose est métabolisé en sucres simples qui sont absorbés au niveau de l'intestin grêle. Ainsi, il n'arrive pas au côlon. Mais de très nombreuses personnes perdent leur lactase au moment du sevrage du lait et ne peuvent donc plus digérer le lactose qui est fermenté par les bactéries du côlon, occasionnant de ce fait douleurs abdominales, gaz, ballonnements et parfois diarrhées. Les fermentations liées à la consommation de fibres, pourtant si importantes pour la santé, peuvent malheureusement aussi favoriser ce type de relaxations. Mais, paradoxe, l'augmentation des fibres dans l'alimentation prévient le risque de reflux ! Nous y reviendrons…

ET L'ESTOMAC DANS TOUT ÇA ?

Autre facteur de relâchement du sphincter : la distension de l'estomac. Il est aisé de comprendre que si l'estomac se relâche, il entraîne avec lui son voisin mitoyen. L'estomac pourrait-il être coupable ?

Effectivement, la prise de boissons gazeuses, une alimentation trop grasse ou trop volumineuse, l'alcool qui, contrairement à ce que pourrait faire supposer le trou normand, retarde la vidange de l'estomac le laissant plus longtemps distendu… sont autant de facteurs qui favorisent le relâchement de l'estomac. Par ailleurs, le côlon constipé peut, grâce à des mécanismes réflexes, entraîner lui aussi un ralentissement de la vidange de l'estomac et donc, le maintien de la distension. C'est comme si le côlon, encombré de bouchons, disait à l'estomac : « Arrête de livrer, il y a trop de bouchons, ça n'avance plus ! » Ce type de réflexe témoigne du langage constant et régulier de toutes les parties du corps entre elles.

GARE AUX REPAS EXPRESS !

Autre exemple : les repas rapides vite engloutis, en grande quantité, sans mastiquer. La mastication donne le temps à la satiété de s'installer et amène à manger de moins grandes quantités. Elle augmente aussi la production salivaire (1,5 litre par jour en moyenne !), essentielle, nous le verrons plus loin, pour combattre le reflux acide.

Un chercheur américain a réalisé en 2003 une expérience intéressante sur des volontaires en bonne santé. Deux jours de suite, ils ont ingéré le même repas standard ; le premier jour en 5 minutes, le deuxième jour en 30 minutes. À l'aide d'appareils de mesure, le chercheur a évalué le nombre de reflux après chacun des deux repas. Résultat : il existait bien plus de reflux après un repas avalé en 5 minutes qu'après un repas avalé en 30 minutes. La conclusion de l'auteur était pleine d'humilité : « C'est maman qui avait raison ! » La distension gastrique est donc un facteur extrêmement important de reflux. Elle agit en fait sur le relâchement du sphincter par l'intermédiaire d'un réflexe utilisant les voies nerveuses d'un nerf important et bien connu : le nerf vague. Celui-ci va libérer une substance appelée NO (monoxyde d'azote), qui va agir en relaxant le muscle du sphincter. Pour compliquer un peu, il faut savoir qu'il n'y a pas que la distension gastrique qui stimule la formation du NO ; l'acide qui remonte dans l'œsophage le fait aussi !

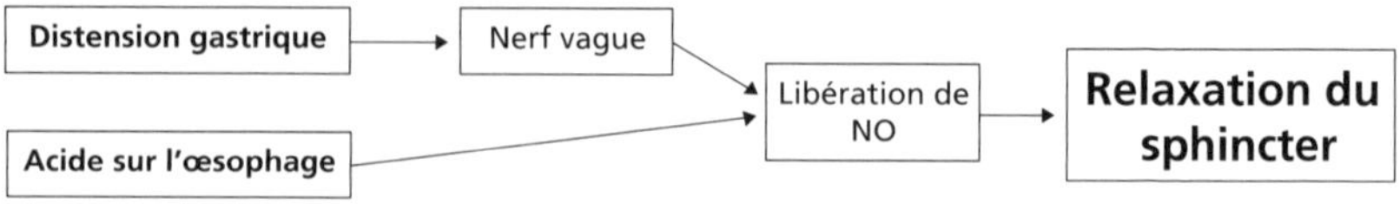

Vous voyez, Monsieur ou Madame le juge, que l'histoire n'est pas simple, beaucoup d'éléments tournent en boucle ! Les circonstances de déclenchement du reflux commencent à se multiplier. Et l'estomac et l'intestin ne sont pas totalement innocents dans cette affaire. En se penchant de plus près sur la littérature médicale, il est bien démontré que les relaxations du sphincter inférieur de l'œsophage ne s'accompagnent pas toutes d'un reflux. En plus, ces relaxations sont aussi fréquentes chez les reflueurs que chez les non-reflueurs !

L'ensemble de ces faits permet au sphincter de ne pas porter seul la responsabilité du reflux. Mais je vous entends déjà me susurrer à l'oreille le nom du prochain coupable que certains connaissent fort bien et que l'on accuse régulièrement.

ACCUSÉ N° 3 :

LA HERNIE HIATALE

LORS D'EFFORTS TELS QUE LA TOUX, LES ÉTERNUEMENTS, LA défécation, lorsque l'on porte quelque chose de lourd, que l'on rit ou que l'on prend une inspiration profonde… la pression devient plus forte dans l'abdomen et ainsi dans l'estomac. Elle peut vaincre alors la pression du sphincter inférieur de l'œsophage et ainsi favoriser le reflux. Heureusement, le diaphragme est là ! Il arrive à la rescousse du sphincter en se contractant pour renforcer la barrière. Mais il arrive qu'une partie de l'estomac remonte au-delà du diaphragme dans le thorax. On parle de hernie hiatale.

La hernie désolidarise le sphincter du diaphragme en le remontant plus haut dans le thorax. Lorsque la pression augmente dans l'abdomen, le mécanisme de rescousse, normalement assuré par le

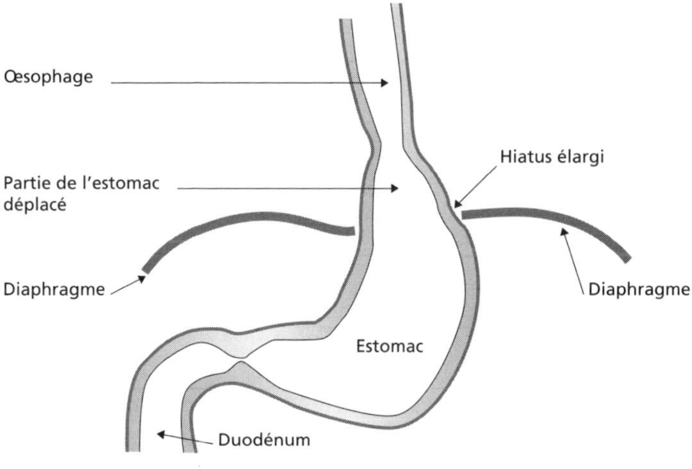

diaphragme, est alors inopérant puisque le sphincter n'habite plus au même étage. L'œsophage est ainsi exposé plus longuement à l'acide, le sphincter interne inférieur se relâche plus souvent en dehors des déglutitions. Ce qui explique que la hernie constitue un facteur aggravant du reflux.

Là aussi, on entend très souvent : « Mon père avait une hernie, mon grand-père aussi... » Pauvre fatalité génétique encore mise en cause ! Ne cherchez plus en elle le grand coupable. N'y voyez qu'un terrain prédisposant, un maillon faible mis en évidence et aggravé par d'autres facteurs moins démonstratifs et ainsi plus sournois.

LES APPARENCES DU COUPABLE IDÉAL...

Certes, les modifications anatomiques engendrées par le déplacement de cette zone stratégique ne vont pas arranger la situation. Le sphincter, perdant sa place, n'aura plus la même efficacité, il faut l'avouer ! Le balayage de l'acide dans l'œsophage va également être moins efficace et ainsi, le temps d'exposition à l'acide dans l'œsophage sera augmenté. Ce qui signifie que l'œsophage devra assumer un contact avec l'acide pendant plus longtemps. Les relaxations du sphincter plus nombreuses, la stagnation du liquide dans la hernie facilitent également le reflux.

Les études montrent que le taux de complications (œsophagite, rétrécissement, transformation muqueuse ou cancer) est beaucoup plus élevé. Par exemple, le risque d'œsophagite est multiplié par cinq. Bref, c'est vrai qu'en apparence la hernie hiatale a tout du coupable idéal.

... MAIS DES APPARENCES TROMPEUSES !

Eh bien, non ! D'abord, il y a des hernies sans reflux et des reflux sans hernie. De plus, la hernie n'entrave pas l'efficacité du traitement nutritionnel. Ce qui signifie que la hernie n'est pas le seul coupable, mais participe au reflux en l'aggravant. Bien sûr, il n'est pas question ici des volumineuses hernies intrathoraciques qui entraînent des troubles compressifs et qui relèvent d'un traitement chirurgical. En fait, la vraie question à poser c'est : à quoi est due la hernie hiatale ? Le mystère n'est pas complètement élucidé, mais plusieurs hypothèses sont avancées : pertes des propriétés élastiques de la région, altération des petits nerfs de la même région… ou peut-être même – et c'est là que ça devient intéressant ! – raccourcissement de l'œsophage suite aux remontées acides. Cet acide provoquerait une rétraction de l'œsophage qui attirerait l'estomac vers le haut.

Finalement, cet acide, beaucoup d'arguments l'accablent, qu'en pensez-vous ? Ne pourrait-il pas être le coupable ? Voyons ça de plus près…

ACCUSÉ N° 4 :

L'ACIDE QUI REMONTE

Cet acide pourrait bien être l'ennemi numéro 1 puisqu'il est visé par les thérapeutiques médicamenteuses les plus prescrites et les plus réclamées des patients : les fameux inhibiteurs de la pompe à protons, ou IPP, qui bloquent la fabrication même de l'acide. Avec ces traitements, le reflux est toujours là, mais le plus souvent, il ne provoque plus de brûlures car il n'est plus acide.

COMPLICITÉS

Il faut cependant avouer que cet acide n'est pas le seul à refluer dans cette affaire ; la bile, la pepsine (l'enzyme gastrique qui commence l'attaque des protéines), les gaz et parfois même les enzymes du pancréas le font aussi. Les lésions secondaires au reflux sont plus sévères lorsque les deux complices – acide et bile – se liguent pour envahir l'œsophage. Il a été montré que lorsqu'on exposait expérimentalement des cellules d'endobrachyœsophage à ces deux compères, on pouvait noter une augmentation des COX2, des enzymes de l'inflammation impliquées dans la formation du cancer. Chose intéressante, l'alimentation pourrait jouer un rôle pour contrer cette élévation. Une étude américaine publiée récemment a en effet montré que cette augmentation des COX2 pouvait être bloquée par des substances antioxydantes trouvées dans les fruits et les légumes.

À QUOI SERT L'ACIDE GASTRIQUE ?

L'acide joue plusieurs rôles :
- il détruit la plupart des bactéries qui arrivent dans l'estomac via les aliments et la salive ;
- il permet aux enzymes gastriques, qui fonctionnent à pH acide, de bien faire leur travail ;
- il favorise aussi l'absorption du fer, du calcium et de la vitamine B12.

La sécrétion gastrique est d'environ 1,5 litre par 24 heures. Il existe une sécrétion basale permanente et surtout des pics qui surviennent au moment des repas et vers minuit. Le plus souvent, le pH gastrique tourne autour de 2 (très acide). Au moment des repas, l'estomac devient moins acide (pH d'environ 4) car les aliments « alcalinisent » son contenu. Trois heures après le repas, le pH retrouve son niveau habituel (pH 2). Finalement, en l'absence de tout traitement antisécrétoire, l'estomac a un pH supérieur à 4 (c'est-à-dire relativement peu acide) pendant seulement 3 à 4 heures par jour.

QUAND L'ACIDE TRAÎNE DANS L'ŒSOPHAGE

Peut-être vous demandez-vous si la quantité d'acide sécrété dans l'estomac n'est pas trop importante lorsque l'on souffre de reflux ? Eh bien, non ! Elle est le plus souvent normale même si parfois elle est un peu augmentée, par exemple lorsque l'on est stressé. En fait, l'acide est vraiment suspect lorsqu'il se balade trop longtemps le long de l'œsophage. Cette exposition prolongée peut être provoquée par plusieurs responsables déjà repérés : ralentissement de la vidange de l'estomac, hernie hiatale, augmentation de la pression abdominale liée au surpoids… Mais si l'acide remonte sur l'œsophage, c'est que la barrière du bas de l'œsophage est ouverte ! Il est vrai que ce coquin d'acide profite volontiers des relaxations transitoires du sphincter de l'œsophage pour remonter chez les reflueurs. Et voilà que nous tournons encore en rond puisque nous avons déjà déclaré que le sphincter ne pouvait être l'unique coupable. Revenons à l'acide et dédramatisons !

QUI A AUTORISÉ L'ACIDE À DEVENIR AGRESSIF ?

Et tout d'abord rappelons une chose intéressante qui va guider notre réflexion. Comme nous l'avons dit au début du livre, tout le monde présente un reflux, mais, dans la majorité des cas, celui-ci n'est pas gênant et qualifié de « physiologique », c'est-à-dire de normal. Or, on constate que, paradoxalement, beaucoup d'œsophages de personnes souffrant de RGO subissent un temps d'exposition à l'acide considéré comme normal. C'est le cas de 50 % des reflux sans complication et de 33 % des reflux avec complication. Autre constat : après une chirurgie corrigeant le reflux, il persisterait quatre ans plus tard des lésions de la muqueuse œsophagienne détectables par des biopsies. Mieux encore : 40 % des patients sont peu ou pas soulagés par les traitements réduisant l'acidité.

Ainsi, l'acide ne serait pas le seul coupable ? C'est intéressant. Et ça pourrait expliquer que des personnes n'ayant pas plus de remontées acides que les autres soient gênées malgré tout. Et si l'œsophage faisait parfois si mal son travail qu'il permettrait à l'acidité, même en faible quantité, de l'attaquer ?

Et voici un nouveau suspect qui se profile : l'œsophage !

ACCUSÉ N° 5 :

L'ŒSOPHAGE DÉFAILLANT

L'ŒSOPHAGE JOUE UN RÔLE ESSENTIEL EN BALAYANT L'ACIDE afin d'éviter que ce dernier ne lie un contact intime et prolongé avec sa muqueuse. Un œsophage normal balaie le reflux en quelques secondes.

UNE MOTRICITÉ MOINS PERFORMANTE

De nombreux facteurs interviennent dans ce balayage. Pour bien balayer, l'œsophage doit posséder une bonne motricité. En effet, l'œsophage, grâce à ses deux couches musculaires, est doué de contractions dont le but est de faire progresser le bol alimentaire (les bouchées mastiquées) jusqu'à l'estomac. On constate que plus la motricité est altérée, plus le reflux est grave et plus le risque de complications élevé. On retrouve environ 20 % d'anomalies motrices chez les reflueurs non compliqués, et 50 % chez les reflueurs présentant une œsophagite sévère. Et là, il y a deux écoles :

- ceux qui proposent que les troubles moteurs entraînent le reflux ;
- et ceux qui estiment que les troubles de la motricité sont une conséquence du reflux.

Cette deuxième hypothèse, largement défendue dans la littérature, repose sur des études extrêmement intéressantes. Celles-ci montrent que le reflux, en remontant sur la muqueuse de l'œsophage, favorise la sécrétion de petites molécules inflammatoires, les cytokines. Or, ces molécules sont capables d'engendrer des troubles moteurs qui perturbent les contractions de l'œsophage, mais aussi la tonicité du sphincter inférieur. Intéressant, non ? Mais nous y reviendrons…

LA SALIVE ET L'ALIMENTATION, UN RÔLE FONDAMENTAL

L'œsophage n'agit pas seul dans ce balayage. Il se fait aider par la pesanteur (ce qui permet de comprendre que les reflux survenant en position allongée sont souvent plus graves) et par la sécrétion salivaire. Celle-ci participe au flux de balayage et exerce en plus une action « tampon » (régulatrice de l'excès d'acidité) grâce à son pH alcalin (supérieur à 7). Attention : la nuit, la sécrétion salivaire est diminuée et contribue donc moins à la protection de l'œsophage contre le reflux nocturne, d'autant que la sécrétion d'acide gastrique est maximale vers minuit. La position couchée et la nuit constituent ainsi des circonstances favorisant la gravité du reflux.

L'alimentation a aussi un impact intéressant sur la motricité de l'œsophage : la correction de certains paramètres alimentaires (comme l'augmentation des végétaux, des huiles oméga-3 et la diminution des laitages et du gluten) peut améliorer les contractions œsophagiennes mesurées par manométrie. Il n'y a hélas pas d'études référencées sur la relation alimentation/modification de la motricité œsophagienne, mais l'histoire de Philippe (page 211) et de bien d'autres de mes patients suggère que ce lien existe bien.

MUCUS PROTECTEUR DÉFAILLANT

On sait qu'un œsophage normal peut résister trente minutes à une perfusion très acide sans occasionner de douleurs. Il est également capable de se protéger contre les agressions occasionnées par la bile et la pepsine. Comment est-ce possible ? En fait, la muqueuse œsophagienne possède un système de protection très astucieux : une véritable couette de mucus protecteur fabriquée par des glandes sécrétrices situées dans la paroi de l'œsophage, dans lequel s'intrique intimement la salive. Ces sécrétions contiennent également plusieurs substances importantes qui vont renforcer cette barrière en neutralisant l'acide, en augmentant la viscosité du mucus et en favorisant la multiplication cellulaire, fondamentale pour remplacer les cellules lésées.

Lorsque la muqueuse œsophagienne d'une personne en bonne santé est exposée aux agresseurs (acide, pepsine et/ou bile), le mucus augmente pour renforcer la barrière. En revanche, chez ceux qui souffrent de reflux gastro-œsophagien, cette protection est défaillante, surtout en cas d'inflammation de l'œsophage (œsophagite). Les agresseurs parviennent alors aisément au niveau des cellules. En d'autres termes : adieu couette muqueuse et bonjour les dégâts !

Finalement, il suffit que la sécrétion salivaire soit perturbée ou insuffisante pour que la barrière de mucus devienne moins efficace. Mais quels sont les facteurs qui affectent la production de salive ?

LES MODES DE VIE MODERNES ENNEMIS DE LA SALIVE

La sécrétion salivaire est favorisée par des stimuli olfactifs et gustatifs, par la mastication et par l'arrivée d'acide au niveau de l'œsophage (voie réflexe). Pour faire saliver, l'aliment doit mettre en appétit (par l'odeur, la vue…). Or, très souvent, les repas sont insipides, sans odeur, et ingurgités sans le moindre regard. De plus, on ne peut mastiquer que les aliments « mastiquables », c'est-à-dire durs. Malheureusement, avec la multiplication des produits tels que les purées, les yaourts, les crèmes, les hamburgers, les viennoiseries, le pain de mie, les nuggets et autres produits industriels transformés, l'alimentation actuelle est devenue plutôt molle et ne stimule pas assez la salivation.

Pour bien saliver, il faut aussi être bien hydraté. Or, nombreux sont ceux qui évitent de boire de crainte de devoir aller aux toilettes en plein cours, au milieu d'une réunion ou d'un rendez-vous ! Conséquence de la déshydratation chronique : la sécrétion de salive va diminuer (particulièrement la nuit) et ce, d'autant plus que l'on prend des médicaments tels que diurétiques, bêtabloquants, neuroleptiques, antidépresseurs tricycliques, sédatifs... Le mucus perd alors de son efficacité et ne permet plus d'empêcher l'acide d'attaquer la muqueuse. En 2005, des chercheurs brésiliens ont montré à ce sujet que le nombre de reflux est diminué lorsque le volume salivaire est augmenté.

QUAND L'ACIDE ENVAHIT LA PAROI DE L'ŒSOPHAGE...

Pour mieux comprendre l'action des agresseurs, imaginez le tube de l'œsophage ; au centre, du vide correspond à la lumière de l'œsophage où circulent les aliments, mais aussi l'acide qui remonte. Les parois de ce tube sont constituées des cellules de l'épithélium qui s'ouvrent dans la lumière ; en dessous, un tissu riche en vaisseaux et en nerfs, puis deux couches musculaires et enfin une enveloppe finale.

Normalement, les cellules de l'œsophage sont jointives ; elles sont accolées les unes aux autres par des attaches efficaces appelées « jonctions serrées ». Ces attaches sont constituées de multiples protéines qui assurent l'étanchéité des cellules adjacentes. Lorsque l'acide parvient à vaincre la couche de mucus protecteur, il va attaquer ces jonctions serrées et élargir les espaces intercellulaires pour y pénétrer, en créant ainsi une augmentation de la perméabilité de la muqueuse. Dans les espaces intercellulaires, l'acide se plaît à fréquenter les petites terminaisons des nerfs sensitifs qu'il n'hésite pas à chatouiller désagréablement en créant la douleur.

... LA CELLULE CONTRE-ATTAQUE

Une fois que l'acide a pénétré la zone intercellulaire, il envahit sans gêne la cellule en se faufilant à travers la membrane latérale, beaucoup plus perméable à l'acide que la membrane située au sommet de la cellule proche de la lumière (membrane apicale). Et là, le combat se poursuit : la cellule va contre-attaquer en libérant des molécules inflammatoires, les fameuses cytokines dont on a vu plus haut l'action néfaste sur la motricité de l'œsophage. Ces cytokines vont donc affecter les contractions. Mais pas seulement ! Elles vont aussi stimuler une enzyme appelée INOS, responsable de la synthèse du monoxyde d'azote (NO) dont nous avons déjà parlé à propos de l'acide et du sphincter. Celui-ci va favoriser le relâchement du sphincter inférieur de l'œsophage.

Ce NO, accompagné d'histamine libérée aussi par la muqueuse endommagée, va stimuler la contraction de la couche longitudinale musculaire capable de raccourcir l'œsophage et contribuer ainsi à la formation de la hernie hiatale. Les cytokines inflammatoires vont induire également une augmentation de substances appelées PGE2 (prostaglandines de type E2) participant à l'inflammation et capables de relâcher le sphincter inférieur.

LES MÉDICAMENTS AUSSI JOUENT UN RÔLE

Les anti-inflammatoires, comme certains antioxydants, sont capables de bloquer des enzymes appelées COX2, qui sont impliquées dans la libération des PGE2. Mais les anti-inflammatoires sont à déconseiller, en raison d'effets néfastes sur le reflux (augmentation de la perméabilité de la muqueuse et altération du mucus avec risque d'ulcération). Les traitements bloqueurs d'acidité augmentent la synthèse de la gastrine, une hormone stimulant la sécrétion gastrique, qui peut également augmenter l'expression des COX2.

Plus les cytokines inflammatoires et les PGE2 sont élevées, plus le risque de complication grave du reflux est grand. En effet, on retrouvera davantage ces substances inflammatoires en cas d'œsophagite, d'ulcération, mais aussi de transformation muqueuse (endobrachyœsophage) et de cancer.

RADICAUX LIBRES ET CANCÉRISATION

L'acide, la bile et les molécules inflammatoires (cytokines et PGE2) contribuent à stimuler la production en quantité très importante de radicaux libres qui vont eux-mêmes entretenir l'inflammation. Un véritable cercle vicieux !

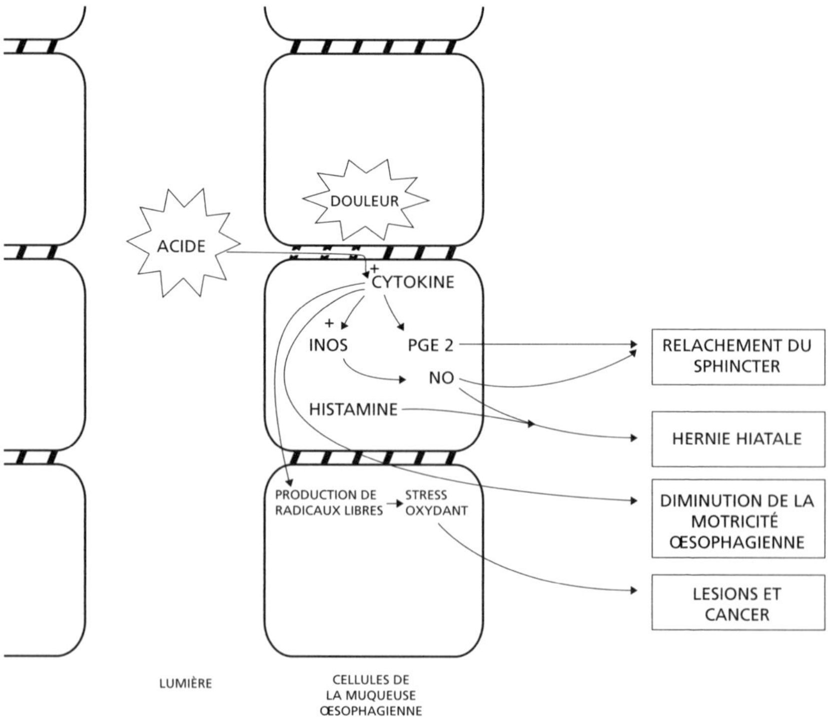

L'autre problème de ces substances oxydantes hautement réactives, c'est que non seulement elles peuvent modifier la pression du sphincter inférieur de l'œsophage et ainsi aggraver le reflux, mais surtout qu'elles sont capables d'endommager les cellules.

En temps normal, le corps possède une panoplie de molécules et d'enzymes antioxydantes dont le rôle est de neutraliser ces radicaux libres. Ce système de défense est complété par les antioxydants apportés par l'alimentation (vitamine C, vitamine E...).

Quand les attaques radicalaires dépassent les systèmes de défense du corps, ce qui est le cas lorsque l'on a une inflammation de l'œsophage et encore plus lorsque les lésions du reflux sont sévères, on parle alors de stress oxydant. Conséquence : les radicaux libres que l'organisme n'a pas réussi à neutraliser endommagent les membranes des cellules, les protéines et surtout leur ADN qui porte notre patrimoine génétique. Et qui dit altération de l'ADN, dit porte ouverte au cancer. C'est pour cette raison que les attaques acides de l'œsophage peuvent mener à long terme au cancer de l'œsophage.

LE NFKB, UNE MOLÉCULE CLÉ DE LA CANCÉRISATION

Les radicaux libres sont capables de stimuler le facteur NFKB (*Nucleor Factor Kappa B*), une molécule qui, lorsqu'elle est activée, déclenche la cascade des cytokines inflammatoires et des COX2. Le facteur NFKB favorise aussi la synthèse de NO (encore lui !) et donc indirectement le relâchement du sphincter œsophagien. Selon plusieurs études, il serait le maillon central de la progression du reflux vers l'endobrachyœsophage et le cancer. On pense actuellement que le stress oxydatif est un grand responsable du risque évolutif vers le cancer, aidé bien sûr de sa compagne, l'inflammation.

RÉSUMONS L'ESSENTIEL

Attention, tout s'intrique ! Un véritable sac de nœuds ! Les molécules inflammatoires favorisent la production de radicaux libres et, inversement, les radicaux libres en excès favorisent l'inflammation. Le schéma de synthèse ci-dessous résume ce qu'il est fondamental de retenir.

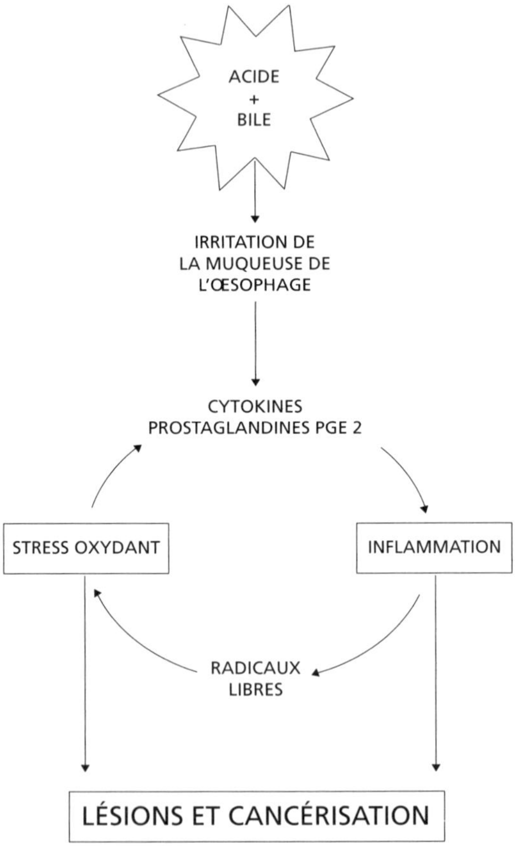

Lorsque les phénomènes d'acidification, de stress oxydant, d'inflammation… se poursuivent, la défense cellulaire est débordée, et les lésions de la muqueuse vont apparaître d'une manière visible lorsque sera pratiquée une endoscopie. Les lésions pourront s'étendre en profondeur, leur cicatrisation entraînera une fibrose qui pourra rétrécir l'œsophage.

Si les complications plus ou moins graves du reflux surviennent généralement à un âge tardif, c'est que l'œsophage paie le tribut d'un long passé d'exposition au reflux, avec souvent un débordement complet de ses capacités de défense. Cette augmentation du risque de reflux avec le temps est d'ailleurs aggravée par l'installation progressive de troubles de la motricité de l'œsophage et du sphincter.

LA DÉFENSE DE LA CELLULE ŒSOPHAGIENNE

La cellule œsophagienne a bien heureusement à sa disposition plusieurs moyens de défense. Elle est capable de puiser dans le sang des substances antioxydantes et anti-inflammatoires apportées par l'alimentation... à condition bien sûr qu'elles soient apportées en quantité adéquate ! Celles-ci lui permettront d'enrayer cette machinerie infernale en luttant contre les attaques radicalaires et l'inflammation. La cellule œsophagienne va également utiliser des substances alcalinisantes, dites « tampons », dont certaines proviennent du sang, et qui vont neutraliser l'acide. C'est le cas du bicarbonate. Nous verrons quels aliments apportent le plus de ces substances lorsque nous aborderons le traitement nutritionnel du reflux.

DES ACCUSÉS À GOGO !

Vous le constatez vous-même : plus le procès avance, plus nous trouvons d'accusés. Nous dénoncions l'acide et le sphincter, et nous voici en train de découvrir que les défaillances du système de défense de l'œsophage ont une très grande part de responsabilité dans le reflux et ses complications. Alors, qui pourrions-nous accuser maintenant ? Et si nous nous intéressions à la colonie de bactéries qui a élu domicile dans notre tube digestif et que nous nourrissons chaque jour ? Cette flore bactérienne est-elle capable de se montrer ingrate au point de nous occasionner des ennuis ? C'est ce que nous allons voir maintenant.

ACCUSÉ N° 6 :

LA FLORE ŒSOGASTRIQUE DÉSÉQUILIBRÉE

VOICI UN NOUVEL ACCUSÉ, IGNORÉ PENDANT TRÈS LONGTEMPS, et qui fait depuis une dizaine d'années l'objet d'un intérêt croissant de la part des scientifiques. Notre tube digestif est peuplé de centaines de milliers de micro-organismes bactériens appartenant à de multiples espèces. Ceux-ci constituent un véritable écosystème fonctionnant en symbiose avec notre organisme. La flore est indispensable à notre santé ; elle joue notamment un rôle dans l'immunité et la digestion. Elle est aussi très fragile : une modification même légère de son environnement de vie peut bouleverser son équilibre.

C'est dans le côlon que la densité bactérienne est la plus élevée. L'estomac, de part son acidité importante, est un milieu peu propice au développement des bactéries. Pourtant, il abrite un certain nombre de colonies capables de vivre dans ces conditions extrêmes.

En temps normal, la flore de la bouche, celle du pharynx et celle de l'œsophage se ressemblent beaucoup. Il existe dans le bas œsophage une flore résidente qui vit en étroite relation avec la surface des cellules de la muqueuse de l'œsophage.

UNE IMPLICATION ENCORE HYPOTHÉTIQUE

Le problème, c'est que la présence de reflux acide et biliaire répétée dans cette partie de l'œsophage modifie les conditions de vie de la flore qui y réside. Certaines bactéries capables de s'adapter à ce nouvel environnement vont survivre tant bien que mal ou bien profiter de ces nouvelles conditions pour proliférer. Celles qui en sont incapables vont au contraire disparaître. Autre conséquence de ce changement d'environnement : certaines bactéries gastriques, normalement cantonnées à l'estomac, vont « remonter » pour envahir le bas de l'œsophage.

Dans l'estomac, lorsque l'acidité gastrique est supprimée par des médicaments, certaines espèces bactériennes, dont le développement était limité par les conditions acides, vont se multiplier et éventuellement migrer vers l'œsophage.

Les études montrent en effet qu'en cas de reflux, et notamment d'endobrachyœsophage (transformation de la muqueuse), la flore du bas œsophage est plus riche et plus complexe. Or, plus les bactéries seraient nombreuses, plus les lésions inflammatoires seraient sévères, et plus leur risque d'évoluer vers un cancer serait important.

Malheureusement, pour l'instant, on manque encore de preuves solides pour démontrer l'implication de la flore, et notamment de germes particuliers dans le reflux. Une chose est sûre : si la flore du bas œsophage est bien modifiée par le reflux gastrique, elle n'est pas à l'origine même de la maladie. Il est fort probable cependant qu'elle y contribue et qu'elle l'aggrave.

HELICOBACTER, SUSPECT MAIS PROBABLEMENT INNOCENT

Impossible à ce sujet de ne pas parler du célèbre *Helicobacter pylori*, la bactérie vedette de ces dernières années. Nichée dans l'estomac, elle est capable de résister à l'acidité gastrique qu'elle neutralise grâce à une enzyme. Si elle fait beaucoup parler d'elle, c'est que les études ont montré qu'elle favorisait les ulcères duodénaux et entraînait des gastrites (inflammations de la muqueuse de l'estomac) capables d'évoluer vers le cancer. Un certain nombre d'études suggèrent que la présence d'*Helicobacter* dans l'œsophage pourrait favoriser le reflux. On sait pourtant que les gastrites peuvent entraîner une atrophie des glandes sécrétant l'acide et donc diminuer les symptômes et les complications du reflux. Il faudrait donc choisir entre les complications du reflux ou celles de la gastrite à *Helicobacter* ? Rien d'engageant dans les deux cas. Quoi qu'il en soit, aujourd'hui, la plupart des études et des conférences de consensus européennes et américaines incitent à réfuter sa responsabilité.

ET SI C'ÉTAIT LA FLORE INTESTINALE ?

On sait en effet aujourd'hui que cette flore joue un rôle majeur dans la perméabilité intestinale et dans les maladies auto-immunes. A-t-elle aussi un impact sur le reflux ? C'est très possible puisque les personnes souffrant de problèmes de constipation, de ballonnements, de douleurs abdominales (des maladies liées à des déséquilibres de la flore intestinale) ont trois fois plus de risque de reflux que les autres. Dans ma pratique, j'observe qu'en rétablissant l'équilibre de cette flore, notamment en augmentant la consommation de fibres et de probiotiques, on contribue à résoudre les problèmes intestinaux et le reflux. Le déséquilibre de la flore intestinale aurait par ailleurs un impact sur l'obésité, dont on sait qu'elle favorise le reflux.

Mais revenons à notre plaidoirie. Cette obésité, dont le rôle est maintenant bien démontré sur le reflux, m'incite à vous présenter les derniers accusés, ceux qu'on appelle les facteurs de l'environnement.

Nous avons déjà commencé à évoquer les antioxydants, l'alimentation acidifiante. J'appelle maintenant au banc des accusés : l'alimentation et l'hygiène de vie.

ACCUSÉ N° 7 :

L'HYGIÈNE DE VIE DÉFECTUEUSE

Commençons par l'alimentation. La littérature n'est pas triste sur ce sujet puisque les études se contredisent entre elles ! N'oubliez pas que non seulement chaque patient est unique, mais aussi que la modification d'un seul aliment ne sera probablement pas suffisante pour modifier le reflux. Deux questions doivent être posées : pour être suffisamment efficace et exercer un effet de protection sur le reflux, cette alimentation est-elle suffisamment riche en aliments protecteurs ? Les aliments qui peuvent avoir un pouvoir néfaste ne sont-ils pas, au contraire, consommés en trop grosse quantité ?

LES CARENCES EN ALIMENTS ET NUTRIMENTS PROTECTEURS

Le manque de fruits et légumes

Les fruits et les légumes détiennent une véritable richesse en vitamines et minéraux, dont une partie est constituée d'antioxydants. Or, nous le savons, les Français n'en mangent pas assez. Cette situation est aggravée par le fait que la qualité nutritionnelle de ces produits est souvent médiocre. En effet, le voyage des denrées, l'épuisement des sols, la culture intensive, les modes de conservation et de cuisson… sont autant de facteurs qui appauvrissent les teneurs en nutriments essentiels.

Malheureusement, nous ne pourrons pas nous appuyer sur la littérature scientifique pour renforcer notre plaidoirie. Peu d'études se sont en effet intéressées aux effets des carences en antioxydants sur le risque de reflux. On sait cependant qu'un régime riche en fruits et légumes diminue fortement les risques de reflux, de transformation de la muqueuse (endobrachyœsophage) et de cancer de l'œsophage. À quels nutriments cet effet pourrait-il bien être attribué ?

Les fibres

Les études montrent que le risque de reflux diminue lorsqu'on a une consommation importante de fibres dont les fruits et les légumes regorgent. Une étude signale même une relation entre déficience en fibres et hernie hiatale.

Les antioxydants

On a vu, lors de la plaidoirie de défense de l'œsophage, que les attaques acides et biliaires favorisaient le stress oxydatif qui lui-même favorisait les lésions de l'œsophage et le cancer. Il existe pourtant des moyens de lutter contre l'oxydation, en renforçant, par exemple, les capacités antioxydantes des cellules de l'œsophage. Certains nutriments trouvés dans les végétaux, comme le manganèse, sont des partenaires indispensables des enzymes antioxydantes du corps. Il est donc fondamental qu'ils soient présents en quantités adéquates dans l'alimentation. Autres nutriments : la vitamine E ou la vitamine C sont capables de piéger le « radical hydroxyle », un des radicaux libres les plus agressifs auquel l'organisme est confronté. Pour preuve, il a été démontré qu'un régime riche en vitamine C diminue le risque d'endobrachyœsophage et de cancer. Des chercheurs américains ont démontré très récemment qu'un régime riche en antioxydants provenant des légumes et des fruits diminuait le risque d'endobrachyœsophage.

Les substances alcalinisantes

Les fruits et légumes sont riches en ions alcalins (magnésium, potassium, calcium) ; ils diminuent l'acidité globale de l'organisme en renforçant la réserve alcaline si utile pour la défense de la muqueuse.

CADDIE PLEIN, CALORIES VIDES...

Toutes les études de population montrent que de nombreux Français sont carencés en vitamines, en minéraux. Vous avez du mal à me croire car les Gaulois sont les rois de la gastronomie mondiale ? Vous voyez tous les paniers de provisions, les caddies des supermarchés débordant de victuailles... ? Que se passe-t-il donc ? Les modes de vie moderne et notamment la course effrénée des consommateurs après le temps ont, depuis une trentaine d'années, amené les industries agroalimentaires à mettre sur le marché une multitude de produits pratiques, au goût consensuel, très accessibles et rapides à préparer. Le problème de ces produits, c'est qu'ils contiennent souvent beaucoup de calories et peu de micronutriments. Autrement dit, ils sont bourrés de « calories vides ». C'est le cas des boissons sucrées, des viennoiseries, des céréales raffinées... Beaucoup de sucre et de gras pour flatter votre goût et vous inviter à y revenir souvent, mais malheureusement aussi très peu de vitamines et minéraux. Ces aliments ont progressivement remplacé les aliments à « forte densité nutritionnelle » que représentent les végétaux, mais aussi les céréales complètes, les légumes secs, les oléagineux (amandes, noix....) sur la table des Français.

Le manque d'oméga-3

Là encore, toutes les études de population sont d'accord : les Français sont carencés en acides gras essentiels de la famille des oméga-3 (poisson gras, huile de colza...) et consomment beaucoup trop d'oméga-6 (viandes, volailles, œufs, huiles de pépins de raisin, tournesol...). Pourtant, les oméga-3 ont un rôle anti-inflammatoire extrêmement important et aujourd'hui largement reconnu. Et cette vertu est particulièrement précieuse lorsque l'on souffre de reflux. En effet, rappelez-vous : la muqueuse œsophagienne attaquée par les reflux acides présente un état inflammatoire constant. Quand les oméga-3 sont apportés en quantité suffisante par l'alimentation et notamment au dîner, ils vont s'incorporer dans les membranes qui entourent et protègent les cellules, ce qui va aider à lutter contre l'inflammation. Ces acides gras intégrés aux membranes vont en effet servir de réserve de précurseurs pour la fabrication de composés anti-inflammatoires. Ne trouverait-on pas dans les carences en oméga-3 une cause de la fréquence du reflux dans la population ou l'origine de certaines de ses complications ? C'est très probable même si peu d'études ont été menées pour le documenter.

La trop faible consommation d'eau

Le pouvoir de l'eau a également été très peu étudié dans la littérature. Pourtant, l'eau représente 80 % de notre organisme. Beaucoup de personnes ne boivent pas, de crainte d'interrompre leur travail ou de peur de fréquenter les toilettes publiques.

Or, l'hydratation est nécessaire pour une bonne sécrétion salivaire. Il faut signaler qu'il est bien dommage que l'eau soit remplacée par des boissons sodées et sucrées qui apportent des calories, du sucre en grande quantité. L'horaire de la prise d'eau a son importance dans le traitement du reflux. L'étude concernant l'aggravation du reflux par la prise d'eau juste après le repas sera relatée dans la partie traitement.

La carence en aliments protecteurs joue un rôle essentiel dans le reflux. Dans ma pratique, j'ai en effet pu constater que la simple correction nutritionnelle de ces trois facteurs (fruits et légumes, oméga-3 et apports en eau) améliore le reflux, à la seule condition d'en augmenter suffisamment les apports.

Les fibres : bénéfiques à condition d'être diversifiées

Les fibres ont en même temps des effets néfastes et des effets bénéfiques sur le reflux. Il a été montré que certains types de glucides non digestibles peuvent, en fermentant dans le côlon, favoriser les relaxations du sphincter inférieur de l'œsophage, et donc le reflux. Mais ces fibres, que l'on trouve dans l'ail, l'oignon, les bananes, l'artichaut…, vont aussi libérer avant leur arrivée dans le côlon une multitude de micronutriments bénéfiques, notamment pour lutter contre le stress oxydant.

Elles contribuent aussi à préserver l'équilibre de la flore intestinale qui, lorsqu'elle est perturbée, pourrait favoriser le reflux. Alors, faut-il oui ou non accuser les fibres ? La question pourrait avoir été définitivement tranchée grâce à une étude très sérieuse, publiée en 2005, confirmant que les fibres ont bien un rôle anti-reflux.

L'EXCÈS D'ALIMENTS NÉFASTES

La littérature scientifique est truffée d'études menées sur les effets néfastes des aliments et leur impact sur le reflux. Quels sont-ils ?

INTOLÉRANCES ALIMENTAIRES : L'EFFET-DOSE

Les études menées sur les aliments néfastes sont utiles pour orienter la mise en place d'un régime adapté. Mais elles sont souvent délicates à interpréter. En effet, elles ne relatent que des moyennes. Quand on veut donner des conseils alimentaires précis à une personne, ce n'est plus la même histoire. En effet, tous les individus ne tolèrent pas les aliments de la même manière à cause notamment de l'effet-dose : de nombreux aliments sont bien tolérés en dessous d'un seuil, qui n'est pas le même pour tous.

Les produits laitiers

Nous avons déjà vu que l'arrivée dans le côlon du lactose non dégradé pouvait induire des relaxations du sphincter. Ceci dévoile d'ailleurs les possibilités pour les aliments d'intervenir sur la motricité du tube digestif. Outre l'intolérance à ce sucre, les protéines de lait peuvent être responsables de reflux, mais ce fait est plus connu chez les nourrissons.

Quoi qu'il en soit, l'efficacité des régimes excluant le lait ou les laitages sur le reflux est un témoin à ne pas négliger. D'autant plus que ces intolérances aux produits laitiers peuvent se compliquer d'une constipation, dont on a déjà vu le rôle aggravant sur le reflux.

Le gluten

Les intolérances au gluten sont plus mal documentées. On sait pourtant que l'alimentation moderne s'est beaucoup enrichie en gluten depuis quelques décennies. En cause : le recours massif de l'industrie agroalimentaire à des variétés de blé contenant de grandes quantités de cette protéine. Le petit épeautre, ancêtre du blé, non muté, contient par exemple sept fois moins de gluten que les blés modernes. Il est beaucoup mieux toléré et entraîne moins de reflux. Une petite quantité de gluten est souvent tolérée, mais c'est l'excès qui semble nuire aux patients souffrant d'un reflux.

Une très jolie étude de 2006, publiée dans un journal sérieux, montre que le gluten favorise la fabrication d'une substance, la zonuline, qui « ouvre » les jonctions entre les cellules intestinales. L'intestin, devenu passoire, laisse alors pénétrer, entre autres, des substances qui ne devraient pas passer, ce qui favorise l'auto-immunité, c'est-à-dire l'attaque par le système immunitaire des propres cellules de l'organisme.

Cette réaction immunitaire est bien sûr majeure chez les intolérants au gluten qui souffrent de maladie cœliaque. Or, une étude a démontré que, chez ces derniers, la fréquence du reflux et de l'endobrachyœsophage (transformation de la muqueuse) était nettement plus importante que dans la population contrôle.

PERMÉABILITÉ INTESTINALE

De plus en plus d'études sont menées sur l'hyperperméabilité intestinale et sur les intolérances alimentaires. Celles-ci pourraient en effet favoriser de très nombreuses maladies. Il n'y a cependant pas d'étude sur la perméabilité intestinale au cours du reflux. C'est bien dommage car ce n'est peut-être pas par hasard s'il existe trois fois plus de « colopathie » (douleurs abdominales, ballonnements, diarrhée, constipation chronique) en cas de reflux !

Les aliments acides

Les aliments acides au goût, comme, par exemple, les agrumes, peuvent mimer le reflux. Sur une muqueuse sensible, ce type de produit peut favoriser des douleurs. Les boissons acides ou les jus sont souvent plus en cause que les fruits eux-mêmes.

Le sel

Le sel n'a pas bonne presse chez ceux qui se soucient de leur santé. Il favorise l'hypertension, aggrave l'ostéoporose... Il est aussi très néfaste quand on souffre de reflux. Le sel apporte des minéraux acidifiants et pourrait diminuer la pression du sphincter de l'œsophage. D'ailleurs, les études montrent que plus l'excès de sel est important, plus le reflux est gênant. Le sel en cause est surtout celui qui est présent dans le pain, les biscottes, les plats tout prêts, la charcuterie, les fromages... en trop grande quantité. Il constitue un facteur aggravant mais non une cause directe de reflux.

Le piment et le café

Le piment, lui aussi pourvoyeur de brûlures, ainsi que le café font également l'objet de quelques études. Les résultats sont très controversés pour le café. En pratique, la réduction ou l'arrêt sont très souvent bénéfiques.

Les boissons alcoolisées

Elles peuvent favoriser les reflux soit par toxicité directe de l'alcool sur la muqueuse, soit par ralentissement de la vidange gastrique et atteinte de la motricité du sphincter inférieur. Le vin blanc, la bière (aux doses respectives de 300 ml et 500 ml) favorisent davantage le reflux que le vin rouge. Les boissons, comme le whisky mais aussi le vin blanc, peuvent contrarier le balayage acide de l'œsophage.

Les boissons gazeuses

Les boissons gazeuses favorisent la distension gastrique. Elles augmentent aussi la relaxation du sphincter inférieur tout en diminuant son tonus de base. Tous ces facteurs favorisent le reflux.

Les graisses

Les graisses, surtout lorsqu'elles sont en excès et saturées (viande rouge, charcuterie, beurre, plats en sauce, fromage, viennoiserie, chocolat...), peuvent favoriser le reflux.

Un taux élevé de graisses ralentit la vidange de l'estomac, diminue la tonicité du sphincter inférieur tout en augmentant ses relaxations. Cette relation graisses/reflux est d'autant plus évidente que l'on est en surpoids.

Le chocolat

Le chocolat peut, lui aussi, induire des reflux en diminuant le tonus de base du sphincter inférieur et en augmentant le temps œsophagien d'exposition à l'acide dans l'heure qui suit son ingestion. Une étude menée par des chercheurs belges a ainsi montré, chez des personnes souffrant d'inflamation de l'œsophage, que la consommation de chocolat après le repas provoquait une baisse de la pression du sphincter. Mais là encore, une étude plus récente réfute ces résultats.

L'EXCÈS DE POIDS ET LES MAUVAISES HABITUDES DE VIE

L'obésité

C'est un des fléaux les plus inquiétants des sociétés occidentales. En cause : les plats préparés et ceux servis en restauration rapide qui sont trop souvent riches en graisses, en céréales raffinées, en gluten et en produits laitiers.

Le problème, c'est qu'il devient impossible de compter sur le repas du soir pris à la maison pour rétablir la balance. En effet, ceux qui travaillent n'ont pas de temps pour faire la cuisine. Et les jeunes ne reçoivent plus l'éducation culinaire familiale. Conséquence de cette détérioration globale de l'alimentation : l'obésité est devenue le fléau de notre époque.

Cette obésité, et plus précisément l'accumulation de graisse viscérale, constitue un facteur de risque de reflux. Le principal mécanisme semble être l'augmentation de la pression abdominale, qui augmente non seulement la pression gastrique par rapport à la pression œsophagienne, mais également le temps d'exposition à l'acide de l'œsophage et les relaxations transitoires du sphincter.

L'obésité, le surpoids ou même une simple prise de poids transitoire peuvent aussi engendrer des troubles moteurs qui favorisent ou aggravent le reflux. Mais ce n'est pas tout ! Les personnes obèses ont plus de risque que les autres d'avoir un cancer de l'œsophage. L'obésité, voici encore un excellent coupable, même si tous les obèses n'ont pas de reflux et tous les reflueurs ne sont pas obèses !

Les repas trop volumineux

Le volume des repas peut induire une augmentation de la distension gastrique et ainsi des relaxations du sphincter inférieur.

Le tabagisme

Il favorise le reflux mais aussi le cancer de l'œsophage. En effet, il a pour effet de diminuer la sécrétion salivaire et le balayage de l'œsophage. Résultat lorsque l'on fume : pendant la journée, le temps d'exposition des muqueuses à l'acide est augmenté. La fumée de cigarette peut également diminuer la pression du sphincter inférieur de l'œsophage.

Les médicaments

Les anti-inflammatoires et l'aspirine peuvent créer ou aggraver un reflux. Les anti-inflammatoires augmentent les espaces entre les cellules et favorisent les ulcérations. Les œstrogènes utilisés dans le traitement de la ménopause, les dérivés nitrés, les inhibiteurs calciques… peuvent également augmenter le reflux.

Le sommeil

Le reflux nocturne est associé à une augmentation de l'exposition acide de l'œsophage et ainsi à un risque évolutif plus important. Si le reflux peut être la cause de troubles du sommeil, inversement, un sommeil de mauvaise qualité peut être la cause d'une aggravation du reflux. Les douleurs d'un reflux sont perçues de manière beaucoup plus intense en cas de privation de sommeil. Il existe bien des interactions dans les deux sens.

On voit que l'alimentation et l'hygiène de vie ont une grande part de responsabilité dans cette affaire. Vous voyez bien que la défense de ces accusés est bien délicate. Mais qui influence le choix alimentaire ? La pub, les grandes industries… Eux aussi ont leur part de responsabilité dans le reflux. Sans compter que le stress modifie aussi le comportement alimentaire. Le stress. Voilà encore un coupable potentiel !

ACCUSÉ N° 8 :

LE STRESS

Le stress représente également un fléau de notre monde moderne. À ce titre, il pourrait bien être l'ennemi n° 2. Ses méfaits sont multiples. Comme l'acide, il disjoint les jonctions serrées et espace les cellules œsophagiennes. Il facilite ainsi le passage de l'acide au niveau des espaces intercellulaires riches en terminaisons nerveuses. Il en fait d'ailleurs de même au niveau intestinal, accroissant ainsi la perméabilité des cellules de cette partie du tube digestif en ouvrant le passage aux intolérances alimentaires.

Autres méfaits : il perturbe la flore intestinale, il retarde la vidange de l'estomac et favorise ainsi la distension gastrique et la relaxation du sphincter. Il accélère le transit intestinal et augmente les fermentations qui pourraient retentir sur le sphincter en favorisant sa relaxation. Et ce n'est pas fini ! Le stress stimule aussi la synthèse d'adrénaline et de noradrénaline, deux hormones qui modifient les sécrétions, notamment salivaires, en les rendant moins protectrices. Enfin, il augmente le cortisol, qui favorise la prise de poids et augmente la sécrétion acide.

Voici un coupable qui paraît bien intéressant. En plus, il est très fort ! La pratique montre qu'il est capable d'empêcher la suppression du reflux par les médicaments bloquant le plus puissamment l'acidité. Nous verrons qu'il existe de multiples moyens de lutter contre ce mal du siècle, la seule difficulté étant de trouver celui qui vous convient.

En attendant de détailler ces méthodes, passons à nos avant-derniers accusés : les situations et les maladies qui sont associées à un risque majoré de reflux.

ACCUSÉ N° 9 :

LES SITUATIONS PARTICULIÈRES

Certaines situations ou maladies peuvent rendre un individu plus sujet aux reflux. En cause : les modifications physiologiques qui y sont associées perturbent le fonctionnement de l'œsophage et le rendent plus vulnérable à l'acide.

LA GROSSESSE

Le reflux de la grossesse est assez banal : il concerne plus de la moitié des femmes enceintes. Sa fréquence augmente quand l'âge de la grossesse augmente et il guérit spontanément après l'accouchement. Ce type de reflux est une des conséquences des modifications hormonales que subit la femme durant sa grossesse. Ces bouleversements hormonaux peuvent en effet induire des troubles de la motricité de l'estomac et de l'œsophage. Contrairement à ce que l'on pourrait penser, l'hyperpression abdominale ne semble pas jouer un rôle important.

LE SPORT

Malgré tout ce qu'il peut apporter en termes de prévention des maladies cardiovasculaires, du cancer, de l'ostéoporose, en termes de gestion du stress... le sport peut favoriser le reflux. Les sportifs sont en effet parfois victimes de brûlures qui remontent le long de l'œsophage, d'éructations, de régurgitations d'aliments, de douleurs thoraciques, sans compter de fréquentes douleurs abdominales, envies impérieuses de défécation et diarrhées. Comment l'expliquer ? On sait que le reflux est majoré par des efforts intenses. En effet, lors d'un exercice soutenu, le nerf dit « sympathique » va entraîner une constriction des vaisseaux abdominaux afin que soit délivré davantage de sang au niveau des muscles sollicités par l'effort. De ce fait, le territoire digestif est privé de sang et subit ce que l'on appelle une ischémie. L'œsophage, moins irrigué, va fonctionner de manière moins optimale. D'autres éléments expliquent le reflux du sportif. C'est le cas de la diminution de la déglutition de salive pendant l'effort. Dans les efforts très intenses, on peut aussi constater une baisse de la pression du sphincter inférieur et un ralentissement de la vidange de l'estomac. D'où l'importance préventive du repas non gras consommé trois heures avant le sport afin d'avoir l'estomac vide.

À l'inverse, la pratique d'une activité physique douce peut améliorer un reflux.

LE REFLUX DU NOURRISSON

On dit généralement que le reflux du nourrisson est favorisé par une immaturité digestive. Ce ne serait pas le seul facteur. Les études montrent qu'une mauvaise position du bébé pendant l'allaitement ou la prise du biberon, l'ingestion trop rapide du lait ou même l'intolérance alimentaire (généralement aux protéines du lait de vache) peuvent contribuer aussi au reflux. Ce cas un peu particulier ne sera pas développé dans cette plaidoirie.

LA SCLÉRODERMIE

Cette maladie rare affecte l'innervation et la musculature du tube digestif. Elle occasionne, dans 75 % des cas, des problèmes œsophagiens avec pour conséquence un reflux volontiers sévère.

ACCUSÉ N° 10,

LEVEZ-VOUS !

MONSIEUR OU MADAME LE JUGE, MA PLAIDOIRIE SE termine. Vous l'avez compris : cette histoire n'est pas simple, tous les indices se mêlent et s'entremêlent.

Vous trouvez que c'est un peu complexe ? Alors vous avez tout compris. S'il n'y avait qu'un coupable, l'ensemble du monde médical serait d'accord, cet intrus aurait été démasqué depuis longtemps et un traitement simple et efficace aurait été mis au point ! La réalité, c'est qu'ici tous les accusés agissent en complicité les uns avec les autres. Ils s'encouragent et se stimulent mutuellement à l'insu de la victime.

VOICI DONC MA VERSION DES FAITS

On a tous un reflux physiologique non gênant. L'ennui, c'est qu'il devient parfois pathologique. En fait, tout se passe comme si, sur un lit de prédispositions génétiques, de nombreux facteurs externes comme le stress, la mauvaise alimentation, le tabac, les médicaments… agissaient sur l'organisme, soit seuls, soit en groupe, en altérant la résistance de la muqueuse œsophagienne par le biais de nombreux intermédiaires (perméabilité, inflammation, stress oxydatif, troubles moteurs). Ces derniers interfèrent entre eux en s'induisant et en se potentialisant. Pour dire les choses plus simplement, la muqueuse œsophagienne est susceptible de perdre sa résistance naturelle au reflux sous l'effet de facteurs de l'environnement.

L'efficacité du traitement par la nutrition et la correction de l'hygiène de vie que je recommande à mes patients plaide largement en faveur de la version que je viens de vous exposer.

Je tiens cependant à rajouter une dernière chose. Tous les facteurs externes ou environnementaux, qui ont tant d'importance dans le déclenchement du reflux, sont sous le contrôle de l'individu. Je l'ai volontairement laissé sous silence jusqu'ici, car il est en même temps victime, complice et coupable. Il est au cœur même de l'intrigue. C'est à lui que je désire maintenant m'adresser, car c'est le principal acteur de sa santé.

TROISIÈME PARTIE

LES TRAITEMENTS MÉDICAUX DU REFLUX

LES MÉDICAMENTS

L'OBJECTIF DU TRAITEMENT CLASSIQUE DU REFLUX CONSISTE À cicatriser les lésions éventuelles, soulager, voire si possible faire disparaître les plaintes, pour retrouver une vie normale, et à prévenir les récidives. Le traitement médicamenteux représente le traitement le plus fréquent. Comme le reflux est une affection répandue, les quantités de médicaments vendues chaque jour dans cette indication sont énormes. Certains d'entre eux, les inhibiteurs de la pompe à protons – les IPP – représentent d'ailleurs la classe de médicaments la plus coûteuse pour l'Assurance-Maladie.

Comme le reflux est une maladie chronique, les traitements médicamenteux sont efficaces... le temps de la prescription ! Le plus souvent, à l'arrêt du traitement, les symptômes réapparaissent. Le médecin a ainsi le choix entre la prescription de traitements au long cours ou bien à la demande.

DES BÉNÉFICES... ET DES INCONVÉNIENTS !

Le traitement médicamenteux se propose d'intervenir sur l'une des phases du reflux :

- soit en protégeant localement la muqueuse par des substances au pouvoir antiacide ;
- soit en modifiant la motricité gastrique et œsophagienne ;
- soit en réduisant l'acidité de la sécrétion gastrique (ce sont actuellement les médicaments les plus utilisés).

Le premier grand inconvénient des médicaments, c'est qu'ils soulagent les symptômes des patients sans les guérir. Vous avez déjà constaté que leur arrêt vous ramène à la case départ. Le deuxième inconvénient est qu'ils ne s'en prennent pas à la véritable cause du reflux. Le problème reste entier et continue à exercer son effet néfaste sur la santé. Le traitement médical présente donc un intérêt, le temps d'organiser la riposte et de retrouver un peu de bien-être.

Un troisième inconvénient majeur du traitement médicamenteux est que, bien souvent, il se rajoute à une liste d'autres médicaments – il n'est pas rare aujourd'hui que certains patients âgés avalent entre 20 et 30 pilules par jour ! Se pose ainsi le risque de toxicité de certains médicaments sur la muqueuse œsophagienne, ainsi que le problème des interférences médicamenteuses que l'on peut difficilement prévoir au-delà de trois produits associés. Enfin, d'autres inconvénients des médicaments sont inhérents à leur classe thérapeutique et seront étudiés spécifiquement.

LES TRAITEMENTS À VISÉE LOCALE : LES PANSEMENTS ANTIACIDES

Ces médicaments sont indiqués en cas de reflux **peu intense et peu fréquent**.

Exemples : Gaviscon®, Maalox®, Phosphalugel®, Contracide®...

Cette classe de médicaments est la plus ancienne. De nombreux produits sont en vente libre et largement consommés en automédication. Ils contiennent des substances antiacides qui tamponnent l'acidité de l'estomac. Certains d'entre eux, les « surnageants », contiennent en plus des alginates qui donnent une texture visqueuse ; celle-ci surnage à la surface de l'estomac et remonte à la place de l'acidité en cas de reflux.

Avantages

• Le soulagement est rapide.

• La forme sachet ou comprimé, facile à transporter, est bien adaptée à l'urgence.

Inconvénients

• Leur mode d'action consiste à tamponner l'acidité gastrique, qui a pourtant son utilité (à noter que, chez la plupart des reflueurs, la sécrétion gastrique acide n'est pas augmentée, donc pas en cause).

• Le soulagement est de courte durée, obligeant à des prises répétées, ce qui amène souvent à dépasser les doses conseillées.

• Certains médicaments contiennent de l'aluminium, qui est contre-indiqué en cas d'insuffisance rénale et qui pourrait favoriser la maladie d'Alzheimer. L'aluminium, pris de manière régulière sous forme d'hydroxyle (et non de phosphate), entraîne par ailleurs un risque de carence en phosphore. Pour cette dernière raison, il faut prendre le pansement assez loin du repas, soit environ deux heures après.

• Les pansements antiacides interfèrent avec l'absorption de nombreux médicaments (cyclines, fer, digitaliques, bêtabloquants, hormone thyroïdienne...) et doivent être pris à distance (prévoir au moins un délai de deux heures entre les prises).

• Ils diminuent l'efficacité de l'aspirine, couramment utilisée dans certaines pathologies cardio-vasculaires.

• Certains contiennent des quantités non négligeables de sel, d'autres du sucre, deux produits qui, en excès, sont néfastes pour la santé.

• Le sorbitol, ou le lactitol parfois présent dans le médicament, peut entraîner des troubles du transit, des ballonnements et des douleurs abdominales.

• Des arômes chimiques, des conservateurs et parfois de l'aspartame entrent dans la composition de ces traitements.

LES MODIFICATEURS DE LA MOTRICITÉ

Ces médicaments sont indiqués en cas de **reflux associé à des nausées, des vomissements, une lenteur digestive**...

Exemples : Motilium®, Peridys®.

Cette classe de médicaments a suscité beaucoup d'espoir. Et si elle était à l'honneur il y a plusieurs années, elle est actuellement peu utilisée, en raison de l'arrivée sur le marché des bloqueurs d'acidité dont nous parlerons juste après.

Le cisapride a connu son moment de gloire, mais, comme on a observé qu'il provoquait des troubles graves du rythme cardiaque, sa prescription est aujourd'hui limitée. Le dompéridone est davantage utilisé.

Avantages

Il améliore le tonus du sphincter inférieur de l'œsophage et accélère la vidange de l'estomac. Il a un effet bénéfique sur les nausées.

Inconvénients

- Il agit par voie sanguine et doit donc être pris au moins un quart d'heure avant chaque repas pour être efficace, ce qui représente un gros inconvénient pour l'observance du traitement.
- Il est dégradé par le foie et est déconseillé en cas de troubles hépatiques. Il peut augmenter la production par l'hypophyse de l'hormone prolactine. Il peut occasionner des troubles du rythme cardiaque en cas de coadministration avec un antifongique (anti-champignon), le kétoconazole.
- Les médicaments qui sont métabolisés de la même manière par le foie ne doivent pas être prescrits avec le dompéridone (érythromycine, ritonavir...).
- La forme en granulés effervescents contient du sucre et de l'aspartame.
- Le soluté buvable contient du sorbitol, qui peut occasionner des troubles digestifs.

LES BLOQUEURS DE L'ACIDITÉ OU INHIBITEURS DE LA SÉCRÉTION GASTRIQUE ACIDE

Ils sont indiqués en cas de **reflux gênant ou chronique**.

Ces médicaments vedettes appelés « antisécrétoires gastriques » sont en fait des bloqueurs de l'acidité (ils empêchent les cellules de l'estomac de sécréter l'acide chlorhydrique). Ils sont en tête des ventes et représentent près de 90 % du marché des médicaments anti-reflux. Les premiers apparus sur le marché sont les anti-H2. Ils ont révolutionné le traitement des maladies favorisées par l'acidité (RGO, mais aussi ulcères de l'estomac ou du duodénum...). Les seconds sont les IPP (inhibiteurs de la pompe à protons).

Les anti-H2

Exemples : Tagamet®, Azantac®, Raniplex®...

Les médicaments anti-H2 (« H » pour histamine) sont capables de bloquer certains récepteurs de l'estomac et d'induire ainsi une diminution de la sécrétion acide. En temps normal, ces récepteurs sont stimulés par l'histamine, un médiateur sécrété par l'estomac au moment de l'arrivée des aliments. Le premier né des anti-H2 est la cimétidine.

Avantages

L'estomac, qui baigne normalement dans un pH compris entre 1 et 2, baigne alors dans un pH supérieur à 4 pendant environ huit heures. Ce traitement ne nécessite qu'une ou deux prises par jour, ce qui constitue en soi un net progrès.

Inconvénients

Son inconvénient majeur est d'inhiber des enzymes hépatiques, qui participent à la dégradation de certains médicaments. Leur concentration se trouve soudainement augmentée, ce qui peut présenter quelques dangers. Ainsi, par exemple, la prise d'anticoagulant peut entraîner une hémorragie. De nouveaux médicaments ont été mis au point (ranitidine, famotidine, nizatidine) qui ne présentent pas ce risque d'interférences médicamenteuses. L'effet des anti-H2 est bref et d'intensité modérée et peut s'amenuiser au bout de quelques jours.

Les IPP

Exemples : Mopral®, Zoltum®, Lanzor®, Ogast®, Inipomp®, Inexium®, Pariet®, Eupantol®.

Les IPP agissent directement sur l'enzyme (la pompe à protons) responsable de la sécrétion de l'acide.

Avantages

Ces médicaments sont beaucoup plus puissants que les anti-H2 pour soulager les douleurs du reflux et cicatriser les lésions d'œsophagite. Ce sont de véritables « bazookas » de la sécrétion gastrique acide. Cette efficacité est dose-dépendante, c'est-à-dire que plus la dose est forte, plus l'effet est marqué. Le pH gastrique est maintenu au-dessus de 4 pendant dix à quatorze heures. Cet effet maximal est obtenu environ vers le quatrième jour. En raison de leur durée d'action prolongée, le traitement consiste en une prise unique avant le premier repas de la journée. En cas de reflux nocturne, la dose prise le soir est plus efficace.

En quelques semaines, l'intégrité de la muqueuse de l'œsophage est restaurée et les douleurs du reflux disparaissent.

Remarque : la sécrétion gastrique redevient normale après quatre jours d'arrêt du traitement.

Les IPP sont efficaces sur le reflux et ses complications dans 60 % des cas. Ils peuvent être pris en continu ou bien ponctuellement. Leurs bons résultats ajoutés à leur grande simplicité d'emploi font que ces traitements sont très appréciés des patients. Sous traitement, la qualité de vie devient satisfaisante.

Pour conserver leur efficacité, il ne faut pas ouvrir les gélules.

Inconvénients des IPP au long cours

Si bloquer l'acidité apporte un soulagement, ça n'est pas anodin pour autant. Cela modifie le fonctionnement physiologique de l'individu. De nombreux inconvénients sont cités dans la littérature médicale, certains sont controversés, c'est-à-dire que tous les spécialistes ne sont pas d'accord, certains scientifiques allant jusqu'à considérer que les nombreux risques plausibles de ces médicaments sont plus théoriques que réels.

Selon certaines études pourtant, il semblerait qu'un tiers des patients soulagés par les IPP ont un œsophage qui continue d'être exposé à l'acide, ce qui signifie que l'acidité gastrique n'est pas bloquée de la même manière pour tous. Par ailleurs, l'arrêt des IPP s'accompagne d'un rebond de l'acidité pouvant induire des rechutes. Il serait de toute façon miraculeux que tous les individus répondent de la même manière à un traitement.

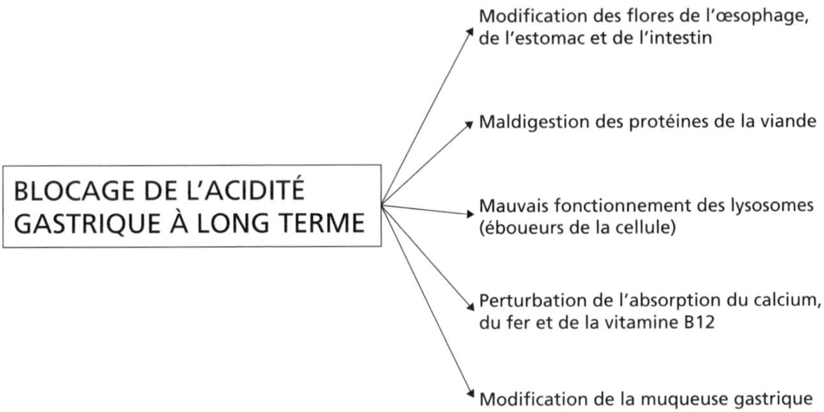

• Modifications des flores bactériennes

Bloquer l'acidité signifie empêcher la barrière naturellement acide de l'estomac de jouer son rôle de destruction bactérienne. En effet, normalement, les concentrations de bactéries au niveau gastrique sont faibles, du fait de l'acidité du milieu. En cas d'élévation du pH gastrique, de nombreuses bactéries peuvent se développer et envahir l'estomac, l'intestin grêle et aussi le côlon. C'est ce que nous avons évoqué au cours de notre plaidoirie.

Campylobacter et salmonelles sont les germes les plus fréquemment retrouvés. Ceux-ci peuvent occasionner des gastro-entérites. Des pneumonies ont été également signalées.

Autre risque : l'augmentation des bactéries gastriques transformant les nitrites en nitrates pourrait jouer un rôle favorisant dans la genèse du cancer de l'estomac, mais il manque des preuves pour confirmer ce risque.

Il est certain que le fait de bloquer l'acidité modifie la flore digestive, mais dans quelle proportion et de quelle manière, cela est difficile à dire précisément. D'autant que l'on reconnaît actuellement à la flore colique de multiples fonctions non seulement dans l'immunité, mais aussi dans l'inflammation. Elle interviendrait également dans l'obésité et le diabète de type 2, les cancers du côlon mais aussi du sein…

• Carences en vitamines et minéraux

Nous l'avons dit, l'acidité gastrique facilite l'absorption du fer, du calcium, et de la vitamine B12. En bloquant l'acidité, les IPP risquent de provoquer des déficits.

– Le fer se solubilise en présence d'acide pour mieux être absorbé au niveau intestinal. Il est nécessaire au fonctionnement de toutes les cellules et notamment à la fabrication de l'hémoglobine, qui véhicule l'oxygène. Une étude a montré que les IPP pouvaient empêcher l'absorption de fer provenant des végétaux, des œufs et du lait.

– La vitamine B12 est extraite des aliments sous l'action de l'acide et de la pepsine, une enzyme gastrique. Pour pouvoir être emmenée sur son lieu d'absorption (l'iléon), la vitamine B12 libérée doit se lier à un protecteur, le « facteur intrinsèque », qui va la protéger des dégradations enzymatiques. Ce facteur est sécrété par les cellules pariétales de l'estomac, celles qui sécrètent l'acide. Moins d'acide, sous l'effet des IPP, implique une moins grande libération de la vitamine B12 des aliments et moins de facteur protecteur. Tout ceci peut conduire à une carence, en cas de traitement prolongé. Un déficit en vitamine B12 se traduit par une anémie, fatigue et essoufflement, puis par des signes neurologiques et des symptômes psychiatriques. Plusieurs études signalent des carences en vitamine B12, notamment chez les patients âgés.

– En bloquant l'acidité gastrique, les IPP perturbent également l'absorption du calcium. Des études scientifiques confirment le risque de fracture osseuse, notamment vertébrale, en cas d'utilisation prolongée des IPP.

• Mauvaise digestion des viandes

La pepsine est une enzyme importante de l'estomac, elle commence la digestion des protéines ; elle est la seule enzyme digestive à pouvoir attaquer les fibres des viandes afin de permettre aux autres enzymes de pénétrer dans la viande pour digérer les autres protéines. Or, en l'absence d'acide, la pepsine sera moins abondante et inactive. Sous IPP, la carence en pepsine va se traduire par une mauvaise digestion des viandes et ainsi un risque de dénutrition, en cas de traitement continu, surtout chez la personne âgée.

• Dysfonctionnement des lysosomes

Les IPP, comme leur nom l'indique, inhibent la pompe à protons. Cette pompe est responsable de la sécrétion acide au niveau de l'estomac, mais on la trouve également dans d'autres tissus, au niveau des lysosomes, ces petites usines de recyclage des cellules (elles nettoient l'intérieur des cellules de tous les débris bactériens, cellulaires...). Ces « usines » ne peuvent fonctionner qu'à un pH acide. Or, le pH s'élève dans les lysosomes lorsque l'on consomme des IPP, entraînant sans doute des dysfonctionnements dont on connaît mal les effets à long terme.

• Modification de la muqueuse gastrique

Par mécanisme réflexe, le blocage de la sécrétion acide induit une augmentation de la production de gastrine, une hormone qui stimule normalement la sécrétion gastrique. Cette « hypergastrinémie » est quelquefois importante et peut entraîner une prolifération de certaines cellules de l'estomac avec un risque non démontré d'évoluer vers des petites tumeurs cancéreuses.

Des cas de polypes de l'estomac ont été décrits, lors d'utilisation prolongée.

Enfin, les IPP pourraient favoriser à long terme le développement de « gastrite atrophique », qui prédispose au cancer de l'estomac, surtout en présence de la bactérie *Helicobacter pylori*. Ainsi, certains spécialistes conseillent-ils, en cas de traitement prolongé par IPP, de rechercher ce germe et de l'éliminer. En effet, celui-ci

LES RÉSISTANCES AU TRAITEMENT

Environ 40 % des patients résistent aux thérapeutiques bloquant l'acidité : ils sont peu ou pas améliorés et, pour certains, il est nécessaire d'augmenter de façon importante les doses recommandées.

À quoi correspond cette résistance au traitement ? Il faut penser en priorité à un reflux non acide. En effet, nous avons vu dans notre plaidoirie que l'acide n'est pas le coupable universel que l'on pense. Ensuite, il faut savoir qu'un nombre important de reflueurs présentent des symptômes typiques de reflux alors que les examens ne décèlent aucune anomalie, révélant ainsi une sensibilité anormale de la muqueuse à un reflux considéré normal ou physiologique. On comprend ainsi les limites de l'approche habituelle du reflux qui consiste à se focaliser sur les agresseurs sans prendre en considération une défaillance éventuelle des systèmes de protection.

peut induire une augmentation de la perméabilité gastrique, qui peut favoriser le développement d'intolérances alimentaires (via le passage d'allergènes de l'alimentation), mais également l'inflammation puis la cancérisation de la muqueuse gastrique.

• Affections rénales

Des cas rares de néphrites ont été rapportés avec risque d'insuffisance rénale chronique.

• Interférences médicamenteuses

Elles se produisent avec de nombreux médicaments. Par exemple : les IPP diminuent l'efficacité de l'aspirine souvent prescrite dans la prévention des affections cardiovasculaires.

• En cas d'utilisation chez les enfants

Les scientifiques conseillent la prudence car la balance bénéfices risques est défavorable.

• Coût élevé

Un inconvénient notable du traitement par IPP au long cours est enfin son coût, souvent très élevé, supporté par la communauté.

EN CONCLUSION

Ces médicaments sont très rapidement efficaces et sont très faciles d'emploi avec une seule dose à prendre par jour. Le problème, c'est qu'en bloquant l'acidité, ils modifient la physiologie normale de l'organisme. Leurs effets sur le long terme sont loin d'être complètement élucidés. Ces effets potentiellement néfastes sont-ils purement théoriques, comme le suggèrent certains, ou bien insidieux et difficiles à mettre en évidence ? C'est encore trop tôt pour le dire. Et il est important que d'autres études soient menées afin de mieux évaluer les risques. C'est pourquoi, je conclurai comme de nombreux auteurs de la littérature scientifique en disant que la prudence est de mise en cas de traitement prolongé, surtout chez la personne âgée.

LE TRAITEMENT CHIRURGICAL

LE TRAITEMENT CHIRURGICAL A BEAUCOUP DE PARTISANS CAR il permet d'éviter la prise quotidienne de médicaments. Il n'intervient que sur les facteurs anatomiques. Il peut faire disparaître le reflux au prix de complications rares mais généralement sérieuses, voire graves, qui contrastent avec une pathologie au départ bénigne. Le traitement endoscopique (voir plus loin) pourrait constituer dans l'avenir une alternative à la chirurgie classique.

Le chirurgien va utiliser plusieurs techniques basées sur la réalisation d'une cravate entourant la région hiatale et visant à renforcer la barrière anti-reflux. Il peut choisir entre l'intervention classique « à ventre ouvert » ou la chirurgie sous cœlioscopie. Cette deuxième technique est la plus pratiquée actuellement : le chirurgien opère grâce à des instruments introduits dans des trocarts (tubes creux relativement fins) qui traversent la paroi abdominale soulevée par insufflation de gaz. L'introduction d'une caméra vidéo permet au chirurgien de visualiser les organes et de contrôler ses gestes.

LES MEILLEURES INDICATIONS

La conférence d'experts sur le reflux recommande de proposer la chirurgie à des patients à faible risque opératoire (patient plutôt jeune, sans maladie grave associée avec un reflux typique, et dépendant d'un traitement médicamenteux efficace).

Pour tous ceux qui ne sont pas soulagés par le traitement médical ou qui présentent des manifestations atypiques extra-œsophagiennes, prudence ! Pour se faire opérer, il est nécessaire d'être sûr de l'existence d'un reflux. Quant aux personnes obèses, mieux vaut s'abstenir, en raison d'un risque élevé de récidives !

LES EXAMENS NÉCESSAIRES AVANT UNE CHIRURGIE

Il s'agit de l'endoscopie œso-gastro-duodénale, la pH-métrie (en l'absence d'œsophagite) et la manométrie. Ce dernier examen permet de pointer du doigt d'éventuelles contre-indications ou de prévenir certaines complications postopératoires.

Pour certains spécialistes, l'absence de reflux acide ou biliaire pathologique représente une contre-indication à la chirurgie, car le risque est grand d'avoir affaire à des reflueurs dont l'œsophage est tout simplement hypersensible au reflux « physiologique » (normal). La manométrie permet d'écarter certaines maladies (comme un méga-œsophage ou une sclérodermie) qui ne requièrent pas le même traitement.

Un sphincter inférieur faible de l'œsophage constitue une bonne indication opératoire. En revanche, un sphincter très tonique incite à la prudence, en raison d'un risque important de blocage alimentaire (dysphagie) après l'intervention.

Enfin, l'existence de troubles sévères de la motricité œsophagienne constitue pour certains auteurs une contre-indication à la chirurgie, en raison d'un risque de complications postopératoires.

LES TECHNIQUES UTILISÉES

L'objectif est de renforcer la barrière hiatale. La technique de référence est la « fundoplicature », qui consiste en un cravatage de la partie haute de l'estomac appelée région « fundique ». Ce cravatage peut être complet (fundoplicature complète de Nissen) ou partiel (fundoplicature partielle de Toupet où le resserrage de la région est moins intense).

LES RÉSULTATS

La chirurgie permet de réduire la hernie hiatale et les relaxations transitoires du sphincter inférieur de l'œsophage. Elle réduit l'inflammation au niveau de la muqueuse. Selon certaines études qui devront être confirmées, le stress oxydatif pourrait cependant être toujours présent quatre ans après l'intervention.

À court terme

L'efficacité des deux techniques est similaire à court terme (les résultats sont jugés excellents dans 90 %), avec cependant un risque supérieur de dysphagie après une fundoplicature complète. Dans 90 % des cas, la dysphagie régresse.

Les perforations œsophagiennes sont rares (moins de 1 % des cas) et la mortalité est faible (0,8 % des cas en moyenne). Ces complications sont d'autant plus rares que le chirurgien est entraîné.

À long terme

Dans 80 % des cas, les patients ressentent une amélioration de la qualité de vie. Cependant, bien qu'ils se déclarent satisfaits, ils se plaignent souvent de troubles digestifs engendrés par l'intervention – dysphagie, éructation difficile, ballonnements, gaz, satiété précoce, digestion difficile, troubles du transit avec diarrhée et/ou constipation – ou de signes en rapport avec une récidive du reflux (pyrosis, régurgitations…). Certains de ces symptômes (ballonnements, troubles du transit…) étaient parfois déjà présents avant la chirurgie.

En moyenne, 20 % des personnes opérées se plaignent encore de reflux et prennent des IPP, 10 % souffrent de dysphagie, 30 % de gaz, de troubles du transit, de satiété précoce et de digestion difficile, et 10 % sont réopérés.

Attention ! Si vous souffrez d'endobrachyœsophage, sachez que la chirurgie ne prévient pas le risque de dégénérescence. La surveillance doit donc être poursuivie.

BILAN MITIGÉ

Les résultats à long terme de la chirurgie sont ainsi un peu décevants, d'une part parce qu'ils se détériorent et, d'autre part, parce que les complications digestives désagréables sont finalement assez fréquentes.

Je vous sens curieux de comparer les résultats du traitement chirurgical au traitement médicamenteux par IPP ! Eh bien, ils sont globalement identiques, sous réserve de réajuster la dose des IPP en cas de réponse partielle. Cependant, les effets secondaires altèrent la qualité de vie des patients opérés, comparativement aux patients bénéficiant d'un traitement médicamenteux.

L'aspect a priori « anodin » de la cœlioscopie (par rapport à une intervention à ventre ouvert) lui a valu un essor important au cours des dernières années. Cependant, actuellement, cet essor diminue en raison des complications possibles de l'acte chirurgical. Celles-ci, quelquefois mortelles, méritent en effet d'être bien étudiées, surtout lorsqu'il s'agit d'une pathologie le plus souvent bénigne.

Un nombre non négligeable de complications dont les plus fréquentes perturbent la vie de tous les jours, comme par exemple l'excès de gaz, les diarrhées, la lenteur digestive mais aussi la récidive du reflux, sont des inconvénients à considérer.

La balance bénéfice/risque n'est ainsi pas toujours favorable à la chirurgie, ce qui explique qu'elle est réservée aujourd'hui à un nombre de patients plus restreint et mieux sélectionné.

UNE ALTERNATIVE À VENIR : LE TRAITEMENT ENDOSCOPIQUE

Apparu en 1999, ce traitement encore à l'étude a pour but de renforcer la barrière anti-reflux par voie endoscopique et peut être réalisé en ambulatoire, au cabinet du médecin. C'est une alternative à la chirurgie sans les complications.

Des techniques très diverses mais des indications limitées

Ce traitement est réalisé comme une endoscopie, avec un matériel particulier à chaque technique. Le principe est de renforcer la barrière anti-reflux par voie interne, en utilisant divers procédés comme les points de suture, la mise en place de prothèses de gel expansible sous la muqueuse, l'injection de produits de type collagène au niveau du sphincter inférieur, etc. Cependant, seuls les reflux typiques soulagés par les IPP, sans hernie hiatale, sans endobrachyœsophage et sans troubles de la motricité œsophagienne, peuvent bénéficier de cette technique.

Et les résultats ?

Peu de complications sont décrites. Un succès est mentionné pour deux tiers des patients, tant au niveau des symptômes que de leur qualité de vie, quelle que soit la technique utilisée. En revanche, le résultat est nettement moins bon au niveau de la pH-métrie et de la cicatrisation de l'œsophagite. Le résultat à long terme est complètement incertain.

En pratique, l'efficacité de ce type de traitement reste encore à évaluer. Il n'est pour le moment pas proposé en pratique courante, mais uniquement dans le cadre d'études. Il pourrait constituer à l'avenir une alternative à la chirurgie.

QUATRIÈME PARTIE

LE TRAITEMENT NUTRITIONNEL DU REFLUX

LA NUTRITION ANTI-REFLUX : SÛRE ET EFFICACE

Le traitement nutritionnel est de loin le plus efficace et le plus complet des traitements du reflux. Il va consister, d'une part, à limiter les agresseurs (stress oxydatif, stress psychologique, inflammation…), d'autre part, à potentialiser la défense de l'organisme (salivation, barrière anti-reflux, potentiel antioxydant et anti-inflammatoire). L'objectif : que le reflux ne puisse pas attaquer la muqueuse de l'œsophage. Rappelez-vous que lorsque ce dernier perd sa résistance, le reflux l'abîme encore plus.

Plus vous interviendrez tôt, plus les lésions seront rapidement réversibles et ne nécessiteront que des mesures nutritionnelles légères. À l'inverse, si vous souffrez de reflux depuis plusieurs années, vous aurez probablement besoin de changements alimentaires plus stricts. Si vous avez des difficultés à bouleverser totalement votre mode de vie, quelques changements simples vous permettront de réduire les posologies des traitements médicamenteux. À vous de tester ces modifications pour trouver celles qui auront le plus d'effets…

Cette approche par la nutrition aura également pour effet de corriger de nombreux problèmes ou maladies souvent associées au reflux (colopathie, douleurs articulaires, obésité, troubles du sommeil…) et de diminuer votre risque de développer un jour une maladie chronique (cancer, diabète, maladie cardiovasculaire…).

Afin que vous ayez toutes les armes pour effectuer ces changements avec succès, voici sept grandes règles nutritionnelles. Suivez-les pas à pas ou adoptez-en certaines, elles ont été conçues pour être faciles à appliquer. Une chose est certaine, elles constituent les jalons les plus sûrs de votre route vers la guérison.

RETOUR AUX BASIQUES

Avant de pénétrer dans le monde savoureux mais encore trop peu connu de la nutrition thérapeutique, il est bon de rappeler que, si l'alimentation a beaucoup évolué depuis les premiers chasseurs-cueilleurs, le patrimoine génétique de l'homme s'est, lui, peu modifié. Et sur ce point, les plus grands scientifiques sont d'accord ! Nous avons vécu plusieurs centaines de milliers d'années en mangeant des fruits, des légumes, des noix, des tubercules, des racines, de la viande et du poisson. Ce modèle alimentaire pour lequel nous sommes faits a été mis à mal au néolithique avec l'introduction de l'agriculture qui nous a mis en présence d'aliments jamais rencontrés auparavant : céréales, laitages, sel, sucre. Avec l'ère de l'industrialisation, des aliments de plus en plus transformés se sont retrouvés dans nos assiettes, sans compter les substances chimiques qui servent à les produire. Résultat de ces changements : les maladies liées à l'alimentation représentent la première cause de mortalité dans les pays développés. Le traitement que nous proposons se base sur un principe simple : le reflux est en majeure partie causé par une alimentation inadaptée. Pour qu'il fonctionne de manière optimale – et sans reflux ! –, l'organisme a besoin d'une alimentation en accord avec celle de nos ancêtres dont il est resté physiologiquement très proche. Il ne s'agit en aucun cas de retourner à l'alimentation préhistorique, mais de s'inspirer de ses grands principes. C'est ce que nous nous efforcerons de faire ici.

RÈGLE N° 1 :

AMÉLIORER SES DÉFENSES ANTIOXYDANTES

Nous avons vu que l'acide et la bile, en remontant dans le bas œsophage, pouvaient entraîner une inflammation de la muqueuse. Cette inflammation s'accompagne d'une production excessive de radicaux libres, des molécules hautement réactives capables d'endommager tous les constituants cellulaires.

Heureusement, le corps sait se défendre efficacement contre les radicaux libres. Oui, enfin, à condition que l'inflammation ne persiste pas trop longtemps ! Le problème avec le reflux, c'est que l'inflammation est souvent chronique et que les défenses des cellules de l'œsophage sont souvent débordées par les attaques des radicaux libres. On parle alors de stress oxydant. Résultat : les radicaux libres qui n'ont pas été neutralisés vont s'attaquer aux cellules, des lésions vont apparaître, elles vont pouvoir s'étendre, et leur cicatrisation pourra entraîner une fibrose capable de rétrécir l'œsophage et provoquer des blocages alimentaires. Ils vont aussi entraîner des modifications de l'ADN et favoriser les processus de cancérisation.

Vous l'aurez compris : pour éviter les complications du reflux, il est fondamental de renforcer les défenses antioxydantes du corps. Comment ? En faisant la part belle aux aliments les plus riches en antioxydants, des substances qui neutralisent les radicaux libres, et en certains minéraux indispensables au bon fonctionnement des molécules antioxydantes du corps.

OÙ SE TROUVENT LES ANTIOXYDANTS ?

On les trouve en particulier dans les fruits et les légumes, plus globalement dans les végétaux. Les produits animaux en contiennent peu ou pas du tout.

Le bêta-carotène, les vitamines C et E, le zinc sont parmi les antioxydants les plus étudiés et les plus connus à ce jour. Toutefois, ils ne constituent qu'une toute petite proportion de la titanesque armée des substances protectrices contenues dans nos aliments. Il y a en effet plusieurs milliers d'antioxydants dans l'alimentation : plusieurs centaines de caroténoïdes, quelques milliers de composés phénoliques, pour ne citer que ces deux grandes familles.

Certains végétaux contiennent de très grandes quantités d'antioxydants, d'autres en contiennent de moins grandes quantités. Pour évaluer les teneurs en antioxydants des aliments, des chercheurs américains de l'université de Tuft (Boston) ont mis au point un indice nommé ORAC (*Oxygen Radical Absorbance Capacity*, c'est-à-dire « capacité d'absorption des radicaux libres ») ; il mesure le pouvoir antioxydant des fruits et d'autres aliments dans le plasma. Vous trouverez page 299 le tableau des indices ORAC de quelques aliments riches en antioxydants. Pour maximiser la protection antioxydante, vous devriez idéalement consommer chaque jour plusieurs aliments de cette liste.

LES LÉGUMES

Tous les légumes méritent de prendre une place importante dans votre alimentation, mais certains légumes sont à privilégier pour leur teneur élevée en antioxydants. Lesquels ? Les légumes crucifères (radis, brocoli, chou, chou-fleur, choux de Bruxelles, navets, rutabaga), les artichauts, les carottes, les patates douces, les betteraves.

Certaines substances antioxydantes contenues dans les légumes et les fruits possèdent aussi une activité anti-inflammatoire avec, pour certaines, la possibilité d'inhiber le NFKB, le chef du déclenchement de la cascade inflammatoire dont nous avons parlé lors de la plaidoirie (page 75).

Où les acheter ?

L'idéal est de se tourner vers des petits producteurs ou des magasins Bio. Il existe dans de nombreuses régions des distributions de paniers biologiques constitués de produits frais à un prix extrêmement intéressant. Vous pouvez aussi vous ravitailler auprès de filières de vente directe comme les Associations pour le maintien d'une agriculture paysanne (Amap).

Bien qu'il soit très tentant d'acheter des légumes et fruits d'origine exotique, ou provenant de pays limitrophes plus favorisés en soleil et en chaleur que le notre, choisissez de préférence des légumes et fruits de saison car ils ont habituellement moins voyagé et ont été stockés moins longtemps en chambre froide. Ils sont souvent plus goûteux, plus riches en vitamines et, détail fort appréciable, ils sont moins onéreux.

Faut-il les consommer biologiques ?

Les végétaux biologiques contiennent beaucoup moins de pesticides. Ils contiennent plus de vitamines et de minéraux (25 à 30 % dans les études du professeur Joyeux). Leur qualité nutritionnelle est ainsi nettement supérieure à celle des légumes conventionnels. Mais il ne suffit pas qu'ils soient biologiques, ils doivent être fraîchement cueillis, sinon ils risquent de perdre leur intérêt nutritionnel.

Comment les conserver ?

Pour préserver les teneurs en vitamines et minéraux, gardez-les au frais et à l'abri de la lumière et évitez de les stocker trop longtemps. Lavez-les rapidement sans les faire tremper. Épluchez-les au dernier moment, juste avant de les servir et de les cuisiner. Évitez d'acheter les légumes déjà épluchés, prédécoupés et conditionnés.

Comment les consommer crus ?

Ils ont une teneur optimale en vitamines et minéraux et vont favoriser une bonne salivation. Utilisez les légumes frais en amuse-gueules à tremper dans une sauce, coupés très fin et arrosés d'huile d'olive et de citron (carpaccio), en salade, en gaspacho... Vous pouvez même les croquer entiers, les enfants (et même les grands) adorent cela !

Comment les cuire ?

Privilégiez les cuissons « douces » à température modérée et les cuissons rapides qui préservent le mieux les vitamines. L'idéal : la cuisson à la vapeur douce (plutôt qu'à la cocotte-minute) et la cuisson à l'étouffée avec très peu d'eau. Quand les légumes sont cuits, un simple filet d'huile, de l'ail, de l'échalote, des aromates, des épices... et couvrez ! Les parfums s'exhalent et les couleurs nous mettent en appétit. La cuisson au wok est également intéressante si l'on aime les légumes *al dente*. La cuisson à l'eau entraîne une perte de vitamines et de minéraux dans l'eau, elle n'est donc pas recommandée, sauf pour les soupes. Si vous y avez néanmoins recours, utilisez des petites quantités d'eau et récupérez-la après cuisson pour préparer d'autres plats.

Boîtes ou surgelés ?

Les légumes surgelés « nature » sont une bonne alternative au frais, si vous n'avez pas de primeur près de chez vous ou des difficultés à vous approvisionner régulièrement. Ils n'ont souvent subi qu'un blanchiment de quelques secondes dans l'eau bouillante avant d'être emballés et surgelés. Les pertes en vitamines sont donc limitées. Les légumes en boîte sont loin d'être inintéressants sur le plan nutritionnel, mais doivent rester des solutions de dépannage. En effet, ils ont subi un traitement thermique plus poussé, qui entraîne des pertes, notamment de vitamines C et B1. On constate également qu'un certain nombre de vitamines et de minéraux se retrouvent dissous dans l'eau dans laquelle ils baignent. Enfin, les industriels rajoutent souvent du sucre ou du sel, parfois en quantité importante.

Combien faut-il en consommer ?

Leur consommation en quantité importante joue un rôle clé dans le traitement du reflux. Personnellement, je conseille à mes patients de manger des crudités et des légumes cuits à chaque repas, ces végétaux devant occuper environ les trois quarts de l'assiette.

L'avantage des crudités en début de repas réside dans le fait que la mastication est obligatoire, et le temps du repas va donc normalement se prolonger pour laisser à la satiété la possibilité de s'installer, ce qui évitera de se jeter sur le pain, le fromage et les petits gâteaux. Pour ceux qui ne consommaient aucun légume, je conseille de commencer doucement, sous peine de flatulence désagréable.

Et n'oubliez pas de varier ! Non seulement pour le goût, mais aussi pour élargir votre enrichissement en vitamines et minéraux.

LES FRUITS

Myrtilles, mûres, fraises, framboises, cerises, prunes, pruneaux, agrumes, raisin, kiwis sont les fruits les plus riches en antioxydants, comme les noix de Grenoble, les noix de pécan et les noix du Brésil. Les pommes, plus répandues et plus faciles à trouver dans le commerce, ont une teneur élevée en polyphénols, un autre type d'antioxydants.

Comment les consommer ?

L'idéal, pour préserver les teneurs en antioxydants, est de consommer ces fruits crus. Comme ils ne demandent aucune préparation, ils sont plus faciles à intégrer dans l'alimentation que les légumes. Il suffit d'avoir une corbeille toujours pleine chez soi. Mangez trois ou quatre fruits par jour, à la fin du repas (si le repas n'était pas trop volumineux) ou mieux, en encas entre les repas pour éviter d'augmenter la pression dans l'estomac. La pomme constitue, par exemple, une excellente solution pour combler vos petits creux de la journée. De nombreux patients signalent moins de ballonnements lorsque les fruits sont pris en dehors des repas. Dans le

COMMENT FAIRE SI ON DIGÈRE MAL LES FRUITS ET LES LÉGUMES ?

Parfois, les végétaux, surtout crus, occasionnent des gaz, des douleurs abdominales et/ou des diarrhées. De nombreux patients sont ainsi obligés de cuire tous les fruits et les légumes et de limiter nettement les quantités. N'y voyez pas un effet néfaste de ces produits, mais plutôt une faiblesse de votre intestin ! Dans ce cas-là, la nutrition fait très souvent des miracles ! Un probiotique (complément alimentaire à base de ferments lactiques) plus ou moins associé à de la glutamine (page 195) peut être utile. La correction porte au départ sur l'arrêt momentané des produits laitiers et la réduction des quantités de gluten (page 88), tout en enrichissant l'alimentation telle qu'elle est conseillée dans ce livre. Quand l'intestin devient plus coopérant, on réintroduit peu à peu les végétaux crus, en commençant par des petites quantités de fruits au début bien mûrs, puis de crudités. Quand tout va bien, on essaie de réintroduire des petites quantités de fromages (en privilégiant chèvre ou brebis, les mieux supportés).

reflux, toutes les astuces permettant de réduire la pression abdominale sont intéressantes. Attention tout de même à ne pas pousser trop loin la consommation ! Certains patients consommant peu de légumes pensent qu'ils peuvent sans problème se rattraper sur les fruits. Résultat : ils en consomment parfois plusieurs kilos par jour. Le risque de prise de poids et d'augmentation des triglycérides est alors nettement augmenté. En hiver, l'utilisation de fruits séchés compense aisément la diminution des fruits pendant cette période.

LES AUTRES ALIMENTS RICHES EN ANTIOXYDANTS

Les épices et les aromates

Les aromates antioxydants, en particulier le gingembre et le curcuma, l'ail, l'oignon, en poudre ou frais, sont à incorporer dans les sauces et peuvent être saupoudrés sur les plats salés. La cannelle et la poudre d'écorce d'agrumes peuvent aromatiser les desserts.

Les fruits de mer

En plus d'être sources d'oméga-3 et de protéines, les coquillages apportent vitamines, minéraux et oligo-éléments en quantité appréciable. Les huîtres et les moules contiennent notamment du zinc et du sélénium, deux minéraux qui jouent un rôle fondamental dans les défenses antioxydantes de l'organisme. Une douzaine d'huîtres permet de couvrir la totalité des besoins quotidiens en zinc.

Les algues

Outre une très bonne teneur en calcium, les algues ont un pouvoir antioxydant très intéressant (caroténoïdes, vitamine E, vitamine C, polyphénols…). Elles sont très faciles à intégrer dans la cuisine de tous les jours si l'on en apprécie la saveur fortement iodée. En paillettes, elles s'utilisent comme les épices (vinaigrettes, sauces…).

Entières, elles se glissent facilement dans les omelettes, peuvent enrouler un filet de poisson en papillote, s'ajoutent aux soupes de légumes.

Le thé

Le thé constitue, pour les buveurs réguliers, une source majeure de polyphénols. Les feuilles de thé noir et vert renferment de grandes quantités (10 à 25 % du poids sec) de composés polyphénoliques appartenant à la famille des flavonoïdes. On les appelle « catéchines ». Les jeunes feuilles de théier en contiennent environ 300 mg/g de matière sèche, et une infusion de thé, environ 200 mg.

Les graines germées

Elles sont un véritable trésor de l'alimentation. Leur richesse en antioxydants sous un faible volume en fait un aliment tout à fait recommandé pour la lutte anti-reflux. Elles sont appréciées des intestins les plus délicats. Les graines en cours de germination constituent un petit jardin qui pousse en quelques jours sous vos yeux, quels que soient le temps ou les saisons. En plus, elles sont économiques et toujours disponibles !

ATTENTION AU JUS DE PAMPLEMOUSSE !

Le pamplemousse peut augmenter l'effet de certains médicaments (anxiolytiques, anti-cholestérol, antihypertenseur...) en diminuant l'action de certaines enzymes dégradant les médicaments dans le foie. Il peut alors entraîner des effets secondaires. Mieux vaut donc éviter d'en boire, si vous êtes sous traitement.

RÈGLE N° 2 :

RENFORCER SON CAPITAL ANTI-INFLAMMATOIRE

DANS LA PLAIDOIRIE, NOUS AVONS VU QUE LE REFLUX, LORSQU'IL persiste, s'accompagne d'une inflammation chronique de la paroi de l'œsophage. Cette inflammation favorise la production de radicaux libres, des substances hautement réactives qui, non seulement entretiennent en retour cette inflammation – rappelez-vous le fameux cercle vicieux ! –, mais surtout endommagent les cellules. Lorsque les défenses antioxydantes de l'organisme ne parviennent plus à maîtriser ces attaques radicalaires – ce qui est souvent le cas lorsque l'on souffre d'inflammation chronique –, les risques de complications (œsophagite, ulcération...), de transformation de la muqueuse (endobrachyœsophage) et de cancer augmentent fortement. Qu'est-ce que l'alimentation peut apporter au reflueur pour lutter contre l'inflammation ? Beaucoup de choses, à condition de respecter certaines règles.

ÉQUILIBRER SES APPORTS EN GRAISSES

Les graisses jouent un rôle crucial dans l'inflammation. Certaines d'entre elles, les oméga-6, conduisent l'organisme à fabriquer des substances qui favorisent l'inflammation. On les trouve dans les huiles et les margarines de tournesol, de maïs, de pépins de raisin, mais aussi dans les œufs de poule nourries aux céréales, certaines viandes et le foie de certains animaux. D'autres graisses, que l'on appelle les oméga-3, agissent au contraire comme de véritables pare-feu en enrayant le cercle vicieux de l'inflammation. On les trouve dans les huiles de colza, dans les noix, les graines de lin, mais surtout dans les poissons gras (saumon, sardines, maquereaux).

UN ACIDE GRAS, C'EST QUOI ?

On distingue les graisses d'après les acides gras qui les composent. Les acides gras sont des chaînes constituées essentiellement d'atomes de carbone et d'hydrogène. Lorsque ceux-ci, du fait de leurs caractéristiques chimiques, ne peuvent plus accepter d'hydrogène, ils sont dits « saturés ». Ils sont « monoinsaturés » lorsqu'ils peuvent accepter un seul atome d'hydrogène, et « polyinsaturés » lorsqu'ils peuvent en fixer plusieurs.

Parmi les acides gras polyinsaturés, deux sont « essentiels » : l'organisme ne sachant pas les fabriquer, ils doivent impérativement être apportés par l'alimentation. Ce sont les acides linoléiques (tournesol, maïs) et alpha-linoléique (noix, lin, colza). Un fois absorbés, l'un et l'autre sont transformés en d'autres acides gras. L'acide linoléique et les acides gras auxquels ils donnent naissance sont des oméga-6. L'acide alphalinolénique et tous les acides gras issus de ce dernier sont des oméga-3.

En fait, les oméga-6 servent à synthétiser des prostaglandines aux effets inflammatoires, alors que les oméga-3 servent à fabriquer d'autres types de prostaglandines aux effets anti-inflammatoires qui vont jouer un rôle crucial dans de nombreuses maladies. Cette transformation nécessite un fonctionnement enzymatique optimal, qui pourra être limité dans de nombreuses circonstances (carence en vitamines et minéraux, grand âge, dénutrition et maladies chroniques).

Idéalement, pour être en bonne santé, le rapport oméga-6/oméga-3 devrait se situer autour de 4/1. En réalité, nous sommes bien loin de ces chiffres. En France, comme dans la plupart des pays industriels, ce rapport varie entre 10/1 et 20/1.

Le problème, c'est que plus on consomme d'oméga-6, moins les oméga-3 peuvent être métabolisés. En effet, les voies métaboliques qui interviennent pour transformer ces deux familles d'acides gras utilisent les mêmes enzymes, qui sont présentes en nombre limité. Lorsque l'organisme est « submergé » d'oméga-6, toutes les enzymes sont occupées à les dégrader et ne sont plus suffisantes pour s'occuper des oméga-3. Conséquence : une alimentation dont le ratio oméga-6/oméga-3 est déséquilibré favorise l'inflammation chronique. Inversement, une alimentation riche en oméga-3 va favoriser la libération de prostaglandines anti-inflammatoires qui vont bloquer les COX2. Ce n'est pas tout : les oméga-3 vont diminuer la production de cytokines inflammatoires, l'activation de NFKB et la production de NO (lire pages 75 et 60).

En 2008, des chercheurs du Royaume-Uni ont montré qu'une supplémentation en oméga-3 de poisson permettait de réduire les concentrations des COX2 mesurées dans les biopsies de muqueuse œsophagienne de patients présentant un endobrachyœsophage. Ainsi, les oméga-3 possèdent beaucoup d'atouts pour contrecarrer l'agressivité du reflux.

La première chose à faire pour limiter les complications du reflux liées à l'inflammation de la muqueuse œsophagienne va donc être d'augmenter la consommation d'aliments riches en oméga-3 au détriment des oméga-6. Comment faire ?

CHOISIR DE MANIÈRE PLUS JUDICIEUSE LES CORPS GRAS UTILISÉS POUR CUISINER ET ASSAISONNER

Si vous utilisez de l'huile de tournesol, de maïs, de pépins de raisin, il vous faudra en changer car elles sont toutes très riches en oméga-6. Idem pour les margarines Fruit d'Or au tournesol et, si vous faites

des fritures, la Végétaline. Oubliez aussi les vinaigrettes du commerce et les huiles d'arachide trop riches en acides gras saturés. S'il faut choisir deux huiles à toujours avoir dans ses placards, c'est l'huile d'olive et l'huile de colza. Leur intérêt :
- toutes les deux sont riches en acides gras monoinsaturés mais apportent peu d'acides gras oméga-6 et d'acides gras saturés (néfastes) ;
- l'huile de colza apporte en plus des oméga-3.

Les huiles de chanvre et de cameline, riches en oméga-3, sont intéressantes mais onéreuses. L'huile de noix apporte certes des oméga-3 mais trop d'oméga-6.

Évitez si possible les huiles raffinées qui subissent une extraction à chaud qui peut endommager les acides gras. Ces huiles sont certes débarrassées des pesticides, mais malheureusement aussi de leurs pigments, de leurs parfums et de leurs multiples antioxydants protecteurs.

En pratique

Pour assaisonner

L'huile de colza peut s'utiliser seule ou additionnée d'huile d'olive pour l'assaisonnement des salades, mais aussi des plats chauds. Sur vos légumes à la vapeur, testez l'huile de colza bio qui a une saveur subtile de noisette. Inutile de mettre de l'eau dans vos assaisonnements, vous en diminuez le goût et appauvrissez votre apport en huile irremplaçable. Les huiles, indispensables pour la santé, ne font pas grossir aux doses recommandées. Je conseille à mes patients de consommer chaque jour une cuillerée à soupe d'huile d'olive biologique et deux cuillerées à soupe d'huile de colza biologique. Les huiles riches en oméga-3 sont fragiles ; elles devront être conservées au réfrigérateur.

Pour la cuisine

Selon les recommandations actuelles, l'huile de colza peut être utilisée pour la cuisson à condition de ne pas la faire fumer, c'est-à-dire de ne pas la faire chauffer trop longtemps et trop intensément.

Personnellement, je recommande à mes patients de ne pas la cuire, pour préserver intacts les acides gras, d'autant plus s'il s'agit d'une huile de qualité biologique extraite à basse température.

Pour cuisiner au quotidien, notamment à la poêle et à haute température (qu'il est préférable d'éviter !), mieux vaut utiliser l'huile d'olive.

GRILLER, FRIRE, DORER… À LIMITER !

Les cuissons à haute température sont susceptibles de générer des composés appelés AGE (pour *Advanced Glycation End products*) qui sont le résultat d'une réaction se produisant à partir de 120°C entre un sucre (glucide) et un acide aminé (protéine). C'est sont les AGE qui donnent au pain, au poulet rôti, aux frites leur couleur dorée, leur saveur si attirante. Le hic, c'est que ces composés sont toxiques pour la santé. Incomplètement dégradés par le tube digestif, ils sont absorbés dans l'organisme et ce, d'autant plus que l'intestin est perméable. Ils vont favoriser l'inflammation, l'allergie, les intolérances alimentaires, mais aussi le diabète, les maladies cardiovasculaires, le vieillissement…

Au restaurant

Les sauces vinaigrettes et les mayonnaises sont souvent préparées avec de l'huile de tournesol. Demandez à ce que vos salades soient servies nature et demandez une burette d'huile d'olive à la place… ou de colza, si le restaurant en a !

À la cantine

Informez-vous sur les huiles utilisées dans votre restaurant d'entreprise et suggérez le recours aux huiles d'olive et de colza. Bref, essayez de faire bouger les choses !

AUGMENTER SES APPORTS EN OMÉGA-3

La deuxième étape d'équilibrage va être d'augmenter les apports en oméga-3 afin de faire tendre le ratio oméga-6/oméga-3 vers 4/1. Voici quelques règles de base pour atteindre facilement l'objectif.

Manger du poisson gras 2 à 3 fois par semaine

Maquereau, sardine, saumon mais aussi hareng, anchois, thon, anguille, flétan… sont particulièrement riches en acides gras et relativement abordables. Ne vous en privez pas ! Choisissez-les le plus frais possible, car les oméga-3 sont des molécules fragiles qui s'oxydent rapidement. Favorisez les petits poissons plutôt que les gros comme le thon, ils contiennent moins de mercure. Si vous n'avez pas de poissonnier à proximité, le poisson surgelé fait très bien l'affaire. Plus facile encore d'utilisation : les sardines en boîte que vous choisirez de préférence à l'huile d'olive. Préférez-les entières avec leurs arêtes plutôt qu'en filets pour leur teneur importante en calcium.

Dans les végétaux aussi !

Parmi les légumes verts, c'est le pourpier qui est le plus riche en oméga-3. Viennent ensuite la mâche et les épinards. Les noix de Grenoble apportent des oméga-3 et des oméga-6 dans des proportions idéales. Petit plus : même en en mangeant 4 ou 5 par jour – la dose idéale –, elles ne font pas grossir et apportent des fibres et des minéraux utiles pour lutter contre le reflux. Les graines de lin que vous pouvez saupoudrer dans vos salades, müeslis, compotes… sont également d'excellentes sources d'oméga-3, à condition de les broyer au moulin à café.

Préférer les poulets et les œufs bio

En agriculture bio, les poules sont toujours élevées en plein air et se nourrissent d'herbe, de petits vers, de limaces et d'escargots… soit une alimentation plus diversifiée et intéressante que celle des poules de batterie consommant uniquement des graines de tournesol ou du maïs. Leur chair et leurs œufs sont donc potentiellement plus riches en oméga-3, comparativement à un élevage conventionnel. Si vous vous ravitaillez en supermarché, vous pouvez trouver des œufs de poules nourries aux graines de lin vendus sous le label filière Bleu-Blanc-Cœur et dont la teneur en oméga-3 est certifiée.

Des gélules d'oméga-3 pour compléter les apports

Si vous n'appréciez pas le poisson ou si vous constatez que vos apports en oméga-3 sont insuffisants, n'hésitez pas à avoir recours aux gélules d'oméga-3 (voir page 192).

ATTENTION, FRAGILE !

Les oméga-3 s'oxydent facilement. Pour les protéger de l'oxydation qui leur ferait perdre leur efficacité et favoriserait leur transformation en produits toxiques, il est nécessaire d'apporter beaucoup d'antioxydants alimentaires (règle n° 1).

Les oméga-3, c'est magique !

En plus de leur action anti-inflammatoire, les oméga-3 diminuent la sensation de faim, favorisant ainsi la régulation du poids, et influencent positivement l'humeur (action anti-dépressive) : ces deux effets permettent aussi d'améliorer le reflux.

ÉPICER

Outre un puissant effet antioxydant dont nous parlerons plus tard, les épices peuvent avoir une action anti-inflammatoire précieuse lorsqu'on désire lutter contre les complications du reflux. C'est le cas du curcuma qui, en plus d'avoir des vertus sur le stress oxydatif, est un anti-inflammatoire très intéressant. Il intervient sur le facteur essentiel NFKB – dont nous avons parlé dans la plaidoirie de l'œsophage (page 75) – qui déclenche toute la cascade des substances inflammatoires. Même si la dose ingérée de cette épice est minime, l'utilisation quotidienne est suffisante pour qu'elle ait un effet notable. Pour qu'elle soit bien absorbée au niveau intestinal, les chercheurs conseillent de la consommer avec une petite quantité de poivre et un peu de graisse (de l'huile d'olive, par exemple). Autre épice qui a fait ses preuves contre l'inflammation : le gingembre. En plus de ses composés antioxydants, il contient de nombreux composés anti-inflammatoires : les gingérols, les shoagols et les paradols.

En pratique

Pour augmenter votre consommation de curcuma et de gingembre, pensez à les utiliser :

- dans les marinades pour viande, mélangés avec de l'huile d'olive, de la sauce de soja, de l'oignon, de l'ail et de l'eau ;
- dans les currys ;
- dans les pilafs de riz, sur les pommes de terre, les lentilles et les légumes ;
- pour lier les sauces (comme le font les Réunionnais) ;
- dans les soupes et les veloutés (de courgette et de courge, par exemple) ;
- en infusion (mettre 1 g à 1,5 g de poudre pour 150 ml d'eau bouillante et laisser infuser pendant 10 à 15 minutes).

Toutes les épices ne sont pas bonnes pour le reflux

Peu d'études ont été menées pour étudier les effets des épices sur le reflux. Cependant, on sait que les piments ont plutôt tendance à le favoriser. Mon avis : méfiez-vous des excès, et, par exemple, des plats qui vous enflamment la bouche. Si vous aimez les épices, ne vous en privez pas, mais restez raisonnable et préférez celles qui sont tolérables en bouche. De nombreuses épices ont une activité antioxydante appréciable et donc intéressante dans cette pathologie dont les lésions sont en grande partie liées au stress oxydatif.

AMÉLIORER SES APPORTS EN FIBRES

Les études montrent que les personnes dont les apports en fibres sont les plus importants présentent des taux de protéine C-réactive, un marqueur de l'inflammation, beaucoup plus bas que ceux qui en

L'INFLAMMATION, UN PROCESSUS À L'ORIGINE DE NOMBREUSES MALADIES CHRONIQUES

On sait aujourd'hui qu'il existe une composante inflammatoire dans la quasi-totalité des maladies chroniques. La découverte la plus surprenante concerne l'obésité. Les personnes en surpoids présentent des valeurs élevées d'interleukine-6 et de protéine C-réactive, deux marqueurs de l'inflammation. La résistance à l'insuline, qui conduit au diabète et qui est fréquemment associée à l'obésité, est, elle aussi, de plus en plus considérée comme une maladie inflammatoire. L'inflammation est également une caractéristique des infarctus et des angines de poitrine et un facteur qui peut conduire au cancer. En général, plus l'inflammation se prolonge, plus le risque de cancer s'élève. Côté cerveau, plusieurs études ont trouvé que les personnes qui souffrent de dépression ont des niveaux élevés de cytokines pro-inflammatoires comme l'IL-6. Enfin, les seniors en bonne santé dont les taux d'IL-6 augmentent le plus sont aussi ceux dont la mémoire baisse le plus, comme l'a confirmé une étude publiée en 2003 dans le journal médical *Neurology*. D'ailleurs, pour de très nombreux chercheurs, la maladie d'Alzheimer serait d'origine inflammatoire.

consomment peu. Veillez donc à manger régulièrement des aliments riches en fibres tels que les oléagineux (amandes, noisettes, noix...), les fruits secs (dattes, pruneaux, figues...), les légumineuses mais surtout beaucoup de légumes et de fruits. Nous reparlerons des fibres de manière plus détaillée dans la règle n° 4 (page 149).

RÈGLE N° 3 :

FAVORISER UNE BONNE SALIVATION

Au cours de la plaidoirie, nous avons vu que l'œsophage jouait un rôle fondamental dans le « balayage » du reflux acide, et que, pour faire ce travail, il était aidé par la salive. De surcroît, cette dernière est douée d'un effet alcalinisant tamponnant l'acidité. Nous avons vu aussi que la muqueuse œsophagienne possède un ingénieux système de mucus protecteur, dont l'efficacité est potentialisée par la salive qui s'y mêle intimement. Vous l'avez compris : pour lutter contre le reflux, il faut tout mettre en œuvre pour bien saliver.

BIEN S'HYDRATER

Pour bien saliver, il faut d'abord être bien hydraté. Et pour être bien hydraté, il faut boire. Pas du soda, pas du café, pas de l'alcool, mais de l'eau. Plate, c'est l'idéal !

Combien et quand boire ?

Les avis sont partagés sur la question. En fait, les besoins en eau dépendent de nombreux facteurs dépendant de votre physiologie propre mais aussi de votre niveau d'activité physique, de la température extérieure, etc. Trouvez votre réel besoin entre une consommation exagérée qui vous fait courir aux toilettes à longueur de journée et une consommation de type chameau.

Quelques repères : essayez de boire 2 grands verres d'eau 20 minutes environ avant chaque repas. Buvez aussi un peu en mangeant, car les enzymes digestives ont besoin d'eau pour bien fonctionner. En revanche, évitez de boire après le repas. Selon une étude japonaise publiée en 2005, une prise de 500 ml d'eau une heure après un repas augmente le reflux en diminuant la vidange de l'estomac. Enfin, buvez autant que vous voulez entre les repas.

Quelle eau boire ?

Difficile de se baser sur les études scientifiques pour répondre à la question. Celles-ci sont extrêmement pauvres. Deux études russes ont néanmoins démontré l'efficacité des eaux riches en magnésium et/ou magnésium et calcium dans le traitement du reflux. Les eaux riches en bicarbonates capables de tamponner l'acidité pourraient être intéressantes, mais elles sont souvent gazeuses et donc susceptibles d'augmenter la distension de l'estomac. L'utilisation d'une eau gazeuse bicarbonatée alcalinisante type Arvie peut se concevoir, mais à petites doses. Pour ma part, devant des avis scientifiques très controversés, je conseille des eaux minérales plates, moyennement riches en magnésium et en calcium mais non acidifiantes pour l'organisme, type Vittel. Elles sont à prendre de préférence aux repas, pour faciliter l'absorption des minéraux, et en alternance avec des eaux plus pures, pauvres en minéraux, type Evian, Mont Roucous, ou mieux une eau osmosée débarrassée de tout polluant mais aussi des minéraux. Vous trouverez page 298 un tableau de composition en minéraux des eaux minérales.

Éviter les boissons sucrées

Les boissons sucrées favorisent la prise de poids. Elles stimulent non seulement la production d'insuline, responsable d'une hypoglycémie secondaire qui pousse à remanger, mais aussi favorise la production d'IGF1 (*Insuline Growth Factor*) qui stimule la croissance des cellules cancéreuses. Elles doivent être bannies de votre quotidien.

L'EAU, EFFICACE POUR APAISER LES BRÛLURES D'ESTOMAC

Un verre d'eau peut soulager un reflux très rapidement. Une étude réalisée en 2008 par des chercheurs grecs chez des volontaires sains montre qu'un verre d'eau de 200 ml augmente le pH gastrique au-delà de 4 (moins acide) en une minute. À titre de comparaison, les pansements antiacides font la même chose en 2 minutes, les anti-H2 en 50 minutes, les IPP entre 151 et 175 minutes. En cas de reflux occasionnel, n'hésitez donc pas à boire 1 à 2 verres d'eau. Bien sûr, l'efficacité sera plus brève (3 minutes), comparée à celle des médicaments.

Si vous êtes sportif

Il est particulièrement important de ne pas se déshydrater lorsque l'on pratique une activité physique. Mais il est aussi conseillé de ne pas surcharger le volume gastrique qui peut favoriser le reflux. La solution ? Fractionner. Buvez une bonne dose d'eau, soit 400 ml avant l'épreuve, puis 100 ml toutes les 20 minutes. Méfiez-vous des grosses quantités de liquide ingurgitées de façon rapprochée qui peuvent distendre l'estomac et entraîner des remontées gastriques. Choisissez des boissons isotoniques qui limitent les pertes d'électrolytes pendant l'effort.

Il faut également éviter les boissons glacées. Si le reflux résiste malgré cela, il faut reprendre tous les facteurs favorisant le reflux et les envisager dans leur ensemble en faisant des modifications alimentaires. Le sport n'est probablement là encore qu'un facteur favorisant.

BIEN MASTIQUER

Mastiquer, c'est très important. Nous avons largement détaillé ses effets bénéfiques sur la santé et son importance pour la salivation. Le problème, c'est que notre vie stressante nous incite à avaler le plus

VOICI DIX CONSEILS POUR BIEN MASTIQUER

• Ayez bien en tête l'intérêt de la mastication pour votre santé et appréciez la libération des arômes qu'elle vous offre !
• Pensez à faire contrôler régulièrement vos dents. Pour mâcher, il faut avoir des dents en bon état.
• Évitez d'arriver affamé au repas, vous risquez d'engloutir votre assiette en trois bouchées. Pour ceci, mangez correctement aux repas en évitant les sucres à index glycémique élevé (voir page 300) et pensez à goûter dans la matinée et dans l'après-midi (des fruits, par exemple).
• Posez les couverts entre chaque bouchée.
• Prenez des petites bouchées.
• Incorporez des aliments masticables dans votre menu, notamment des crudités. Évitez ou diminuez les soupes, les purées, les crèmes, les yaourts et tous les produits « mous » (viennoiseries, pain de mie, saucisses de Strasbourg…).
• Augmentez le nombre de mastications par bouchées, au départ en vous concentrant.
• Si le temps du déjeuner doit être bref, allégez le repas et emportez-en une partie pour le manger dans l'après-midi.
• En famille, organisez le concours valorisant celui qui mastique le plus longtemps.
• Servez-vous de baguettes lors de certains repas entre amis ou en famille.

Vous trouverez certainement d'autres idées en pratiquant !

rapidement possible pour en faire toujours plus. Regardez autour de vous à la cantine : la plupart des gens ont leur fourchette déjà pleine alors qu'ils viennent tout juste d'enfourner leur bouchée. Le problème vient aussi du fait qu'on ne peut mastiquer que ce qui est dur ; or, l'alimentation actuelle est trop mollassonne. Bref, on est loin des conseils de Gandhi qui disait : « Bois ton aliment. » Comment réapprendre à mastiquer ? En choisissant des aliments « masticables », en posant sa fourchette entre chaque bouchée, en malaxant davantage la nourriture avant de l'avaler…

Mastiquer oui, mais pas du chewing-gum

Les chewing-gums permettent d'augmenter la sécrétion salivaire et de tamponner le reflux. Certaines études ont mis en évidence qu'ils pouvaient procurer un soulagement net aux reflueurs. Cependant, je conseille de les éviter. En effet, les chewing-gums contiennent souvent des additifs, des colorants, du sorbitol, de l'aspartame… Certaines de ces substances sont susceptibles d'entraîner des perturbations intestinales (gaz, ballonnements ou même diarrhées). De plus, il est actuellement reconnu que la mastication d'un chewing-gum, même sans sucre, en dehors des repas, stimule la sécrétion d'insuline, dont on connaît les effets négatifs sur le poids et le risque de diabète de type 2. Si vous avez l'habitude de consommer des chewing-gums pour masquer votre haleine, sachez qu'un bon équilibre digestif permet d'éviter ce problème désagréable.

RENDRE LES PLATS APPÉTISSANTS

La sécrétion salivaire est favorisée par des stimuli olfactifs et gustatifs. Pour faire saliver, l'aliment doit mettre en appétit (par l'odeur, la vue…). Or, très souvent aujourd'hui, les repas sont insipides, sans odeur et ingurgités sans le moindre regard. Veillez donc à manger dans de bonnes conditions pour apprécier pleinement le repas. Pour ceci, évitez autant que possible de manger devant la télé, afin de prêter plus d'attention à ce qui se trouve dans votre assiette. Ne mangez pas à même le plat ; au contraire, servez-vous de petites portions et prenez le temps de les savourer, vous aurez tendance en plus à moins vous resservir. Enfin, soignez la présentation : un plat a priori un peu fade parsemé d'herbes aromatiques, accompagné de quelques crudités et d'un filet d'huile d'olive, peut devenir extrêmement appétissant et vous mettre l'eau à la bouche.

RÈGLE N° 4 :

RENFORCER LA BARRIÈRE ANTI-REFLUX

Nous avons expliqué dans notre plaidoirie que la barrière anti-reflux, constituée essentiellement d'une partie du diaphragme et d'un sphincter, pouvait devenir défaillante. C'est le cas lorsqu'il y a une fermentation excessive des fibres et du lactose dans le côlon ou lorsqu'on est constipé, mais pas seulement. Les situations qui favorisent les relaxations du sphincter sont extrêmement nombreuses et diverses. Voyons cela en détail...

MÉFIEZ-VOUS DU LAIT...

Bon nombre de mes patients souffrant de reflux consomment trop de produits laitiers. Parfois 6 à 10 par jour ! Le problème peut venir du lactose qu'ils contiennent, mais également du fait que, souvent, ces produits sont consommés au détriment des autres aliments, notamment des fruits et des légumes. L'éviction du lait est particulièrement bénéfique aux personnes qui sont intolérantes au lactose (environ 40 % de la population française). En effet, lorsque l'on souffre de troubles intestinaux chroniques, on a plus de risque de souffrir aussi de reflux. Cependant, chaque reflueur, même s'il est tolérant, peut gagner en confort de vie en diminuant sa consommation de produits laitiers, d'autant qu'il existe également des intolérances aux protéines de lait.

Vous avez peur de manquer de calcium ? Soyez rassuré ! Malgré ce qu'on a l'habitude d'entendre, le lait n'est en aucune manière indispensable à la santé. Il pourrait même favoriser certaines maladies, comme le diabète de type 1 ou le cancer de la prostate. À propos de cancer, il faut d'ailleurs savoir que le lait favorise l'augmentation dans le sang d'un facteur de croissance appelé IGF1 qui pourrait accélérer le développement d'un cancer latent et, notamment de l'œsophage.

… SANS CRAINDRE POUR VOTRE CALCIUM

Le lait et les produits laitiers sont loin d'être les aliments indispensables à la santé, comme on aimerait nous le faire croire ! En effet, les laitages altèrent l'« équilibre acide-base » dont nous parlerons plus en détail dans la règle n° 5 page 161. Ceci est surtout vrai pour les yaourts et le fromage, moins pour le lait liquide. Ces aliments s'accompagnent d'une charge acide nette qui peut perturber la fixation du calcium osseux. Les fromages font partie des aliments acidifiants, avec un record pour le parmesan, dont l'indice PRAL est de 34 (voir le tableau des indices PRAL des aliments, page 297). Si l'on se nourrit comme le recommandent les spécialistes avec une alimentation « alcalinisante » comprenant plus de fruits et légumes riches en calcium, moins de sel et moins de protéines animales, on a besoin de deux fois moins de calcium que ce qui est officiellement conseillé. Or, ceci est facilement fourni par une alimentation sans laitage ou avec peu de laitages.

En pratique

Comment savoir si on est intolérant au lactose ?

Pour savoir si l'on est intolérant au lactose, c'est simple : il suffit d'exclure le lactose de son alimentation. Si vous avez l'habitude d'avoir des ballonnements, des crampes d'estomac ou des diarrhées dont vous ne connaissiez pas l'origine, tous ces symptômes disparaîtront en quelques jours. Si le résultat n'est pas probant, un test respiratoire peut éventuellement confirmer le diagnostic. Lorsque l'intolérance est associée à un reflux, vous pourrez voir diminuer les symptômes de ce dernier en un temps un peu plus long.

Diminuer ou bannir les produits qui contiennent du lactose

• Les produits laitiers

Le lait, les crèmes, les glaces, certains yaourts contiennent du lactose. En revanche, les fromages en contiennent des quantités très modestes. Favorisez le fromage de brebis ou de chèvre, beaucoup mieux tolérés. Pour les inconditionnels du lait, vous pouvez goûter les boissons au riz, à la noisette, à l'amande, à la châtaigne, au quinoa… qui sont souvent très appréciées.

• Les produits industriels

Le lactose n'est pas présent que dans les produits laitiers. Il est utilisé dans de nombreuses préparations industrielles pour son pouvoir sucrant, son aptitude à fixer les arômes, à favoriser le brunissement ou l'émulsion… On peut ainsi trouver du lactose dans le pain, les gâteaux, les confiseries, les frites, les chips, la charcuterie, les sodas, la bière, les substituts de repas… Certains médicaments en contiennent également.

Favoriser les autres sources de calcium

De nombreux aliments contiennent de bonnes quantités de calcium : les légumes (cresson, persil et choux), les fruits, les céréales complètes, les légumes secs, les fruits secs (amandes, noisettes, figues sèches…), les sardines surtout lorsqu'elles sont consommées avec les arêtes… Si besoin, pensez aux eaux minérales riches en calcium comme l'Hépar, la Contrex, la Courmayeur (voir tableau page 298) à prendre au moment des repas, et exposez-vous une demi heure par jour au soleil (quand il est là !) pour favoriser la synthèse de la vitamine D, qui augmente l'absorption du calcium.

TENEUR DE QUELQUES ALIMENTS RICHES EN CALCIUM (EN MG / 100 G OU 100 ML)

Sardines en conserve avec arêtes	380
Figue sèche	250
Amande	250
Persil	138
Chou frisé	135
Cresson	120
Noisette	114
Lait de vache entier	113
Noix de Grenoble	104
Épinards	100
Noix de macadamia	85
Eau : Hépar	55

AMÉLIORER SES APPORTS EN FIBRES ALIMENTAIRES

Les fibres sont les constituants des aliments qui n'ont pas été ni digérés ni absorbés dans l'intestin grêle. Elles arrivent au niveau du gros intestin (côlon) où elles vont être dégradées par les bactéries. Lorsque l'alimentation est pauvre en fibres et peu diversifiée, la constipation est plus fréquente et associée à une production de gaz responsable de ballonnements. À l'inverse, lorsqu'on a une consommation diversifiée de fruits, de légumes et de céréales complètes riches en fibres, on a moins de risque d'avoir des problèmes de gaz et de ballonnements et donc moins de relaxations du sphincter gastro-œsophagien. Mais ce n'est pas la seule vertu des fibres :

- en favorisant le transit, elles permettent indirectement de diminuer la pression abdominale et ainsi le reflux ;
- elles sont capables de piéger de l'eau dans leurs filets et d'augmenter le volume des selles et donc le transit ;

• leur dégradation par les bactéries entraîne la libération de substances qui favorisent aussi la mobilité du côlon et aussi sa protection contre le cancer ;
• parce qu'elles sont peu caloriques et aident à réguler l'appétit en stimulant les hormones de la satiété, elles aident également à lutter contre le surpoids et l'obésité qui est un autre facteur favorisant le reflux ;
• enfin, elles contribuent à la santé de la flore intestinale, ce qui diminue les risques de colopathie souvent associée au reflux.

Même si certaines fibres peuvent augmenter les relaxations du sphincter de l'œsophage (dont on a vu l'effet potentiellement néfaste sur les remontées gastriques), les études montrent que, lorsqu'elles sont diversifiées dans une alimentation adaptée, elles ont un effet préventif sur le reflux. En effet, les fibres sont accompagnées d'une multitude de vitamines, de minéraux et de micronutriments… qui potentialisent leurs effets bénéfiques.

Le problème, c'est que les Français mangent de moins en moins de fibres : ils consomment moins de fruits et de légumes, moins de légumineuses, et choisissent surtout des céréales raffinées. La consommation de fibres est en effet passée de 50 g par jour au paléolithique à 31 g en 1900 et à 16 g aujourd'hui, alors que les chercheurs recommandent d'en ingérer 25 à 30 g.

Comment augmenter votre consommation de fibres ?

En pratique

• Les légumineuses

À l'heure où beaucoup d'aliments sont devenus onéreux, les légumes secs restent un produit nourrissant très bon marché. Les lentilles, les pois chiches, les haricots, les pois, les fèves… ont des teneurs très intéressantes en fibres (12 à 25 % de leur poids sec) qui font d'elles d'excellentes alliées anti-constipation ! Trop souvent délaissées au profit de produits tels que les pâtes ou le riz, elles peuvent pourtant être la base de nombreux plats savoureux. En plus, leur richesse en protéines végétales, en vitamines et en minéraux fait qu'elles méritent de figurer en bonne place sur votre table, au moins deux ou trois fois par semaine. Leur association à des céréales permet l'obtention de protéines parfaites qui peuvent remplacer efficacement les protéines animales beaucoup plus coûteuses.

• Les fruits et les légumes

Un apport de 30 g de fibres par jour est facilement atteint en consommant 150 g à 200 g de légumes verts cuits (une portion avec le plat principal), 150 g à 200 g de légumes crus (deux crudités) et 150 g à 200 g de fruits (2 petits fruits ou un gros). L'idéal est de manger 5 à 12 portions de fruits, légumes et légumineuses.

• Le pain et les céréales

Évitez le pain blanc, qui est fabriqué à partir de blé raffiné, c'est-à-dire débarrassé d'une grande partie des fibres. En effet, la teneur en fibres de la farine blanche est 4 à 5 fois moins importante que la farine complète. Remplacez-le par du pain complet traditionnel au blé ou optez pour du pain multicéréales ou du pain de seigle.

Favorisez également le riz complet, le quinoa, le sarrasin, l'avoine, le sorgho, non raffinés. Les céréales complètes, en plus des fibres, contiennent 75 % de vitamines et de minéraux supplémentaires par rapport aux céréales raffinées. Préférez-les bio, car la présence des enveloppes peut accentuer les teneurs en pesticides.

Un bémol cependant : les céréales complètes sont souvent présentées par les nutritionnistes comme « la » solution pour améliorer sa consommation de fibres. Mais à énergie équivalente, les fruits frais apportent deux fois plus de fibres que les céréales complètes, et les légumes, presque huit fois plus. Mieux vaut donc ne pas abuser des céréales, même si elles sont complètes et bio.

L'ÉPEAUTRE, MIEUX QUE LE BLÉ

Si vous remplacez les céréales classiques par de l'épeautre ou du petit épeautre (véritable ancêtre du blé qui contient 7 fois moins de gluten), votre tube digestif vous en remerciera, et le traitement du reflux n'en sera que plus facile (voir page 182). Vous trouverez dans les magasins diététiques des produits fabriqués à base de ces céréales ancestrales (pain, pâtes...).

• Les oléagineux

Les oléagineux sont également très riches en fibres : 14,3 g/100 g pour les amandes et 5,2 g/100 g pour la noix. Leur richesse en vitamines, en minéraux, en protéines et en acides gras insaturés en fait un aliment de choix souvent oublié. Par jour, on peut manger une poignée de noix, noisette, amandes... à condition de les choisir non grillées et non salées.

• Les fruits secs

Le pruneau est traditionnellement reconnu pour son effet laxatif. C'est sa richesse en fibres qui permet de faciliter le transit intestinal. Ne pas en abuser car les pruneaux contiennent un laxatif (l'oxyphénisatine) qui peut devenir ennuyeux pour l'intestin, en cas de consommation régulière et prolongée. Les abricots secs sont également intéressants, même s'ils contiennent moins de fibres.

• Les champignons

Ils sont riches en glucane, un glucide qui peut s'apparenter aux fibres.

Quelques idées pour augmenter la quantité de fibres contenue dans votre alimentation

• Le matin, mangez des céréales riches en fibres (flocons d'avoine, müesli au blé complet, flocons de petit épeautre, flocons de sarrasin) et ajoutez-y des fruits frais, des raisins secs ou des noix.

• Au cours des repas principaux, mangez un fruit frais en dessert.
• Consommez des fruits frais plutôt que des jus.
• Choisissez des fruits et des légumes bio et consommez-les sans les éplucher. C'est dans la peau que se concentrent le plus les fibres et les composés antioxydants. Vous absorberez également plus de vitamines.

Attention ! Si vous n'avez pas l'habitude de manger beaucoup de fibres, augmentez progressivement les doses de ces aliments afin de laisser le temps à votre système digestif de s'y habituer.

TENEUR DE QUELQUES ALIMENTS RICHES EN FIBRES (EN G/100 G)

LÉGUMES		FRUITS	
Brocoli	29	Ananas	1,2
Céleri	27,9	Banane	2,4
Chicoré	21,7	Coing	6,4
Chou-fleur	25,4	Kiwi	3,4
Choux de Bruxelles	20,6	Poire	2,3
Concombre	16,8	Pomme	2,7
Endive	20,7	Pomélo	1,5
Épinards	20,9	Orange	2,2
Haricots verts	30,2	Abricots secs	13,7
Laitue	23,8	Pruneaux	16
Oignons	21,1	Amandes	15
Poireaux	25,1	Noix	5,9
Radis	27,2	Datte	8

ÉVITER DE MANGER TROP SALÉ

L'excès de sel, c'est bien connu, favorise l'hypertension et les maladies cardiovasculaires. Il diminue aussi la pression du sphincter de l'œsophage et augmente donc le risque de reflux.

Les besoins physiologiques en sel sont équivalents à 2 g par jour. Les apports nutritionnels conseillés par l'OMS sont de 6 g par jour. En France, un homme consomme en moyenne 10 g de sel par jour, la femme 7,3 g. Les gros consommateurs en consomment facilement 12 g, voire plus.

On a tout à gagner à diminuer sa consommation de sel. Faut-il arrêter de saler ses plats ? C'est un bon début, mais ça ne suffit largement pas ! Le sel de cuisine et de table ne représente que 15 % du sel consommé (10 % représentant le sel naturel des aliments). Alors, où se cache le sel ? Il est présent en excès dans de nombreux aliments. L'industrie agroalimentaire y a en effet (trop) souvent recours pour plusieurs raisons : il ne coûte pas cher, c'est un conservateur naturel (il ralentit la prolifération bactérienne), c'est un exhausteur de goût et un inhibiteur des arrière-goûts amers.

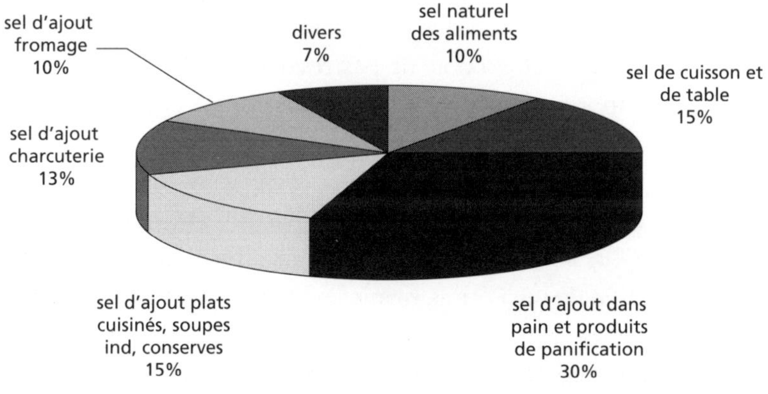

C'est dans le pain et les produits de panification que le sel se trouve en plus grande quantité : 30 % de notre consommation quotidienne de sel ! L'utilisation du sel pour fabriquer le pain a nettement augmenté, en raison d'une modification des techniques de pétrissage qui a affadi le goût du produit final. Le sel améliore la stabilité, la fermeté et l'élasticité de la pâte, augmente la coloration de la croûte et donne une mie plus alvéolée. Il donne également au pain un goût souvent plus apprécié des consommateurs.

Les plats cuisinés, les soupes industrielles, les conserves représentent, quant à eux, 15 % de cette consommation. Méfiez-vous de la charcuterie et du fromage qui sont extrêmement riches en sel (13 et 10 %), mais aussi de tous les condiments du type moutarde, ketchup, cornichons, câpres, olives, anchois, nuoc-mâm, Tabasco, bouillon cube, etc. Gare également aux apéritifs de type chips, biscuits, aux céréales du petit déjeuner et aux viennoiseries.

À noter : les poissons de mer ne sont pas plus salés que les poissons de rivière, mais les crustacés et les coquillages, si !

Tous les produits riches en sel devront être bannis ou consommés avec parcimonie pour diminuer sa consommation de sel. Pour ceci :

- diminuez les aliments salés du commerce : le pain, les biscottes, les fromages, la charcuterie, les plats préparés, les conserves ;
- diminuez le sel de cuisson et ne pas resaler à table ;
- dans la mesure du possible, cuisinez vous-même ;
- agrémentez les plats d'herbes et d'épices pour parfumer.

SE DÉSHABITUER DU SEL : FACILE !

Des chercheurs se sont demandé s'il était difficile de réduire sa consommation de sel. Pour le savoir, ils ont demandé à des volontaires soumis du jour au lendemain à un régime sans sel d'évaluer la contrainte que cela représentait. Verdict : moins de sel, c'est facile. Selon les auteurs, « les gens arrivent avec l'a priori qu'un régime pauvre en sel sera insipide. Pourtant, les patients ont jugé leur diète tout à fait acceptable ». Le goût pour les repas salés découle d'une habitude. On peut très bien désapprendre à aimer le sel. Détail important : l'étude montre qu'en consommant beaucoup de fruits et de légumes, il est plus facile de se déshabituer.

ÉVITER LES REPAS TROP GRAS ET/OU TROP COPIEUX

Les graisses dans le repas, surtout lorsqu'elles sont en excès et saturées (viande rouge, charcuterie, plats en sauce, cassoulet, raclettes, fromage...), peuvent favoriser le reflux. Un taux élevé de graisses ralentit la vidange de l'estomac, diminue la tonicité du sphincter inférieur tout en augmentant ses relaxations. Cette relation repas gras/reflux est d'autant plus évidente que l'on est en surpoids.

Le volume des repas peut induire une augmentation de la distension gastrique et ainsi des relaxations du sphincter inférieur. Pour cela, mieux vaut éviter les soupes, surtout le soir (voir page 175).

ÉVITER LES BOISSONS GAZEUSES

Les boissons gazeuses, en libérant du gaz dans l'estomac, favorisent la distension gastrique. Elles augmentent la relaxation du sphincter inférieur tout en diminuant son tonus de base. Tous ces facteurs favorisent le reflux. Préférez donc l'eau plate en consommation régulière.

ATTENTION À L'ALCOOL !

Les boissons alcoolisées, en ralentissant la vidange gastrique, en affectant la motricité du sphincter inférieur et en irritant la muqueuse, favorisent aussi le reflux. Le vin blanc, la bière, le whisky favorisent davantage le reflux que le vin rouge. Ils peuvent contrarier le balayage acide de l'œsophage. L'alcool est capable également d'augmenter la perméabilité intestinale en ouvrant la porte aux intolérances alimentaires dont on sait qu'elles favorisent le reflux. Le vin rouge peut avoir un effet bénéfique car il contient des antioxydants. Cependant, attention aux abus ! Sa consommation devra rester raisonnable : 1 à 2 verres par jour chez la femme, 2 à 3 verres chez l'homme. Pour vous les amateurs, privilégiez plutôt un vin rouge de qualité que vous dégusterez avec plaisir !

LIMITER LE CHOCOLAT

Le chocolat peut induire des reflux en diminuant le tonus de base du sphincter inférieur et en augmentant le temps œsophagien d'exposition à l'acide dans l'heure qui suit son ingestion. Cependant, les études sont controversées. Si vous avez l'habitude d'en manger, retirez-le momentanément. Quand le reflux aura disparu, réintroduisez-le à dose raisonnable, tout en favorisant un chocolat noir de qualité.

LES AUTRES FACTEURS À PRENDRE EN COMPTE

• Ne serrez pas trop ! Les vêtements trop ajustés, les gaines, les corsets, les ceintures… peuvent comprimer l'abdomen. L'hyperpression qui en résulte peut favoriser le reflux. Heureusement, la mode actuelle favorise volontiers les tenues décontractées.
• Certains médicaments comme les anticholinergiques, les dérivés nitrés, les inhibiteurs calciques… peuvent diminuer la pression du sphincter de l'œsophage. Discutez-en avec votre médecin traitant.
• Le tabac : il majore le reflux et augmente le cancer de l'œsophage. Prenez-en conscience pour ne plus avoir envie d'être sous sa dépendance, et faites-vous aider dans cette entreprise parfois difficile (consultation antitabac, homéopathie, acupuncture, hypnose…). N'oubliez pas que l'alimentation et les compléments alimentaires peuvent vous faciliter la tâche en diminuant votre stress et en remontant le taux de sérotonine (lire page 169).

RÈGLE N° 5 :

LUTTER CONTRE L'ACIDE

Nous avons vu que l'alimentation, si elle était suffisamment riche en antioxydants et en substances anti-inflammatoires, pouvait aider les cellules de l'œsophage à se défendre contre les conséquences des attaques acides sur la muqueuse. L'alimentation peut aider ces cellules d'une troisième manière : en lui apportant suffisamment de substances « alcalinisantes » pour qu'elles tamponnent l'acide du reflux. Comment ?

L'ÉQUILIBRE ACIDE-BASE

Pour bien fonctionner, notre organisme doit se situer dans une zone de pH équilibré, ni trop bas ni trop élevé, c'est-à-dire ni trop acide ni trop basique (ou alcalin). Cet équilibre dépend en grande partie de l'alimentation.

En faisant la part belle aux végétaux, le menu de nos ancêtres préhistoriques leur apportait des éléments alcalinisants (ou basifiants) comme le calcium, le magnésium et le potassium. Aujourd'hui, avec l'alimentation moderne, nos assiettes sont garnies de viandes, de céréales agrémentées d'une bonne dose de sel (chlorure de sodium). Cette alimentation a un inconvénient majeur : elle acidifie l'organisme. Or, pour fonctionner correctement et neutraliser l'acide qui l'envahit, la cellule doit apporter des substances alcalinisantes appelées « tampons » qu'elle récupère dans le sang, comme le bicarbonate. Les études montrent en effet qu'en appauvrissant le milieu sanguin en bicarbonate, les lésions œsophagiennes du reflux sont aggravées.

Les aliments qui acidifient

Les céréales, les protéines (surtout animales) apportent des acides aminés qui contiennent du soufre et/ou du phosphore, alors que le sel apporte des ions chlorures. Résultat : le soufre contribue à la charge acide nette de l'organisme via l'acide sulfurique qui en résulte, le chlore via l'acide chlorhydrique, et le phosphore via l'acide phosphorique.

Les aliments qui alcalinisent

Les fruits, légumes, légumes verts à feuilles, légumes-fruits (tomate), racines et tubercules apportent des sels alcalins de potassium, magnésium, de calcium et de sodium, notamment sous forme de bicarbonates. Les épices sont également alcalinisantes

UN INDICE POUR MESURER LE POTENTIEL ALCALINISANT DES ALIMENTS

Des chercheurs allemands ont mis au point un indice appelé PRAL (*Potenial Renal Acid Load*) qui mesure l'effet de 100 g d'aliment sur l'équilibre acido-basique de l'organisme. Les minéraux peuvent être classés en deux catégories selon leur effet sur le pH de l'organisme. Dans le camp des minéraux acidifiants, on retrouve le chlore, le soufre et le phosphore. Dans le camp des minéraux basifiants : le magnésium, le calcium, le sodium et le potassium.

Si un aliment renferme des protéines et plus de minéraux acidifiants que de minéraux basifiants, l'indice PRAL est supérieur à zéro. Dans le cas contraire, l'indice PRAL est négatif : l'aliment est basifiant (ou alcalinisant). Un tableau de l'indice PRAL des aliments vous est présenté en fin d'ouvrage, page 297.

COMMENT AUGMENTER LA CHARGE ALCALINE DE L'ALIMENTATION ?

En augmentant la part des fruits et des légumes

Visez au moins 4 parts de légumes et 3 fruits chaque jour, en privilégiant les légumes de couleur vert sombre, orange et rouge. Incorporez des légumes verts violets (aubergines et artichauts) plusieurs fois par semaine. Consommez des fruits secs comme les figues. Cuisinez avec des aromates (romarin, sauge, thym) et des épices (curcuma, gingembre, cumin…). Pour les pommes de terre, préférez-les cuites en robe des champs plutôt que cuites dans l'eau en morceaux. En consommant beaucoup de fruits et de légumes, vous aurez plus de facilité à diminuer votre consommation de produits acidifiants.

En mangeant moins de protéines

Vous êtes amateur de viande, de laitages ? Si vous en mangez un peu moins, vous pourrez conserver des os en bonne santé sans avoir besoin de grandes quantités de calcium. Réduisez les portions de fromage. Ne mangez des protéines animales (viande ou poisson) qu'une seule fois par jour. Favorisez vos apports en protéines végétales en mangeant les légumes secs accompagnés de céréales complètes.

En mangeant moins de sel

En diminuant sa consommation de sel, on réduit l'élimination urinaire de calcium. Ne salez pas vos plats, consommez moins d'aliments préparés, consommez moins de pain et de viennoiseries.

En mangeant moins de céréales, en les choisissant complètes et semi-complètes

Les céréales entrent pour près de 40 % dans la charge acide libérée par l'alimentation moderne. En remplaçant les céréales alimentaires par les noix, les fruits, les légumes et les haricots, on passerait d'une charge nettement acide à une charge nettement basique. Lorsque vous mangez des céréales, choisissez-les semi-complètes ou complètes. Pour une acidité équivalente, ces dernières présentent en effet une densité nutritionnelle plus élevée que les céréales raffinées. Chaque jour, ne mangez pas plus de 4 à 5 tranches de pain complet ou semi-complet. Alternez pâtes complètes ou semi-complètes et riz complet ou riz sauvage.

En consommant une eau minérale riche en bicarbonates

La Saint-Yorre, la Vichy Célestin et l'Arvie sont des eaux à très haute teneur en bicarbonates. Le problème : elles sont gazeuses. Buvez-en donc de petites quantités, et plutôt au cours du repas. Pour savoir quelle eau boire, consultez le tableau des teneurs en minéraux et les indices PRAL des eaux en bouteille (page 298).

En prenant un complément alcalinisant

Bicarbonate de potassium ou minéraux sous forme de citrates peuvent aider à rétablir l'équilibre acido-basique de l'organisme (voir page 196).

LES ALIMENTS AU GOÛT ACIDE

Les agrumes sont de bonnes sources de minéraux alcalinisants. Le problème, c'est qu'ils sont acides au goût et qu'ils peuvent donc « réveiller » un reflux. Aussi, évitez-les en début de traitement. Le vinaigre et les cornichons sont, quant à eux, acidifiants pour l'œsophage mais aussi pour le sang. Évitez d'en consommer. Pour les vinaigrettes, n'hésitez pas à remplacer le vinaigre par du citron, beaucoup mieux supporté par les reflueurs et riche en antioxydants.

RÈGLE N° 6 :

LUTTER CONTRE LE STRESS

Le stress est un facteur de risque majeur du reflux gastro-œsophagien. Il déséquilibre la flore intestinale, il disjoint les cellules intestinales et œsophagiennes, il augmente la sensibilité des viscères et ainsi la douleur, et perturbe la motricité digestive. Bref, pour les reflueurs, point de salut sans une bonne gestion du stress. Mais qu'est-ce que l'alimentation peut apporter aux stressés, me direz-vous ? Certains nutriments qu'elle apporte peuvent aider l'organisme à se protéger de ce fléau et compléter les bénéfices apportés par les techniques de relaxation. Petite revue en détail.

LE MAGNÉSIUM

Le magnésium est l'antistress par excellence. De très nombreux travaux montrent que c'est un calmant, et que le manque de magnésium augmente de manière spectaculaire la vulnérabilité au stress. Un exemple : moins on a de magnésium, plus on est sensible au bruit. Tout stress provoque une fuite urinaire de magnésium, ce qui peut entraîner la personne stressée dans un cercle vicieux d'où elle ressort épuisée.

Le magnésium réduit le stress en empêchant la montée du cortisol (l'hormone sécrétée par l'organisme sous l'effet du stress). C'est aussi un élément dont le corps a besoin pour se procurer de l'énergie. Le magnésium permet donc de combattre le stress en s'opposant aux conséquences d'un taux de cortisol excessif, et en améliorant l'énergie disponible. Il intervient aussi dans le métabolisme des neurotransmetteurs (sérotonine...) utiles dans la gestion du stress et de l'humeur. Avoir chaque jour suffisamment de magnésium permet de conserver toutes ses facultés face à un stress aigu, mais aussi d'éviter la fatigue latente qui touche souvent les stressés chroniques.

On trouve le magnésium dans beaucoup d'aliments ; une alimentation équilibrée et suffisante couvre théoriquement les besoins quotidiens. Pourtant, la majorité des adultes ont des apports en magnésium inférieurs aux recommandations. Pire, 25 % des femmes et 20 % des hommes souffrent de carences en magnésium (moins de 2/3 des apports nutritionnels conseillés).

Les meilleures sources

Pain complet, riz complet, lentilles, épinards, bananes, pruneaux, amandes... sont de bonnes sources de magnésium. Si vous êtes très stressé, complétez avec certains des aliments présents dans le tableau ci-dessous. Ils sont particulièrement riches en magnésium. Pour profiter au mieux de ces aliments, évitez le café, qui augmente l'excrétion du magnésium dans les urines.

TENEUR DE QUELQUES ALIMENTS RICHES EN MAGNÉSIUM (EN MG / 100G)

ALIMENT	TENEUR	ALIMENT	TENEUR
Graines de courges	534	Noix du brésil	376
Graines de lin	366	Graines de sésame	356
Pavot	331	Bigorneaux	300
Noix de cajou	260	Pignons	251
Escargots	250	Sarrasin	231

Les eaux minérales peuvent aussi vous aider à couvrir vos besoins (voir le tableau de composition page 298). L'Hépar est une excellente source de magnésium. La Contrex, la Badoit, la Quézac en contiennent aussi beaucoup. Pour faciliter l'absorption des minéraux, il faut boire cette eau au cours du repas.

LA VITAMINE B6

L'efficacité du magnésium est renforcée par la vitamine B6, qui le « fixe » dans les cellules. Mais cette vitamine a un autre intérêt : elle est utilisée par le cerveau pour fabriquer deux substances (GABA et sérotonine) dont dépendent la relaxation, le sentiment de bien-être et le sommeil. La vitamine B6 est également nécessaire à la production de taurine, un acide aminé qui diminue la tension nerveuse, à la fois au niveau des cellules musculaires qu'elle rend moins réactives au stress et au niveau des neurones cérébraux qu'elle rend moins excitables.

Le déficit en vitamine B6 touche souvent des personnes stressées, anxieuses, irritables. La pilule, l'alcool, le sport intensif entraînent également des pertes importantes de cette vitamine.

Les meilleures sources

Le thon, le saumon, le poulpe, le foie de bœuf, d'agneau et de veau, les pois chiches, le jus de carotte, les bananes, les graines de sésame et de tournesol, les noisettes et les pruneaux.

LA TAURINE

Elle améliore la fixation du magnésium par les cellules et réduit la sécrétion d'adrénaline, une autre hormone du stress. Elle possède une activité comparable à celle du GABA et contribue à des régulations telles que la prise alimentaire, le sommeil ou la mémoire. La taurine doit être apportée par l'alimentation pour pallier les limites de capacité de synthèse de l'organisme. Un apport supplémentaire est particulièrement important en situation de stress où les besoins sont augmentés. En effet, au cours du stress, l'élévation du taux d'adrénaline et le déficit en magnésium entraînent une sortie de taurine des cellules et une augmentation des pertes urinaires. Par son activité fixatrice du magnésium et son effet calmant, la taurine, prise en synergie avec le magnésium et la vitamine B6, réduit la vulnérabilité au stress et protège de ses conséquences.

Les meilleures sources

La taurine est présente dans les poissons et les huîtres, mais également dans la viande.

LE PRÉCURSEUR DE LA SÉROTONINE

La sérotonine est l'hormone du bien-être, de la sérénité. Elle est fabriquée à partir de l'acide aminé tryptophane. En cas de stress, la fabrication de sérotonine diminue. Conséquence : le stress augmente encore plus. Pour enrayer ce cercle vicieux, il est nécessaire de favoriser l'apport de tryptophane. Mais cela ne suffit pas. En effet, pour arriver au cerveau, ce précurseur emprunte un transporteur commun à d'autres acides aminés. Malheureusement pour le tryptophane, ce taxi avoue une préférence pour les autres acides aminés ; si ces derniers sont nombreux (comme c'est le cas lorsque l'on mange des aliments riches en protéines, par exemple), le tryptophane devra attendre son tour. Pendant ce temps, le cerveau ne peut donc pas fabriquer de sérotonine, faute de tryptophane disponible. Résultat : ce problème de transport va favoriser l'anxiété, l'agressivité, l'impulsivité, mais également l'attirance vers le sucré, la cigarette ou l'alcool.

Comment augmenter sa sérotonine ?

Les carences en sérotonine sont plus fréquentes en fin d'après midi et en soirée : un goûter avec une poignée d'amandes, de noix... accompagnant des fruits ou une petite portion de céréales complètes peut permettre de reconstituer ses stocks de tryptophane. Au dîner, évitez les acides aminés chouchous du transporteur qui se trouvent dans la viande, la volaille, le soja. Au contraire, privilégiez le poisson ; il contient un ratio d'acides aminés favorable pour le tryptophane.

LES TECHNIQUES DE GESTION DU STRESS

Celles-ci sont nombreuses (yoga, relaxation, sophrologie, taïchi, qi gong...) et procurent beaucoup de bien-être. La pratique de la méditation semble donner aussi d'excellents résultats en permettant la maîtrise du corps par l'esprit ; cependant, elle n'est pas aisée et difficile à conseiller à tout le monde. Là encore, le choix d'une technique de relaxation se fera en fonction de ses affinités, mais aussi de considérations pratiques (proximité par rapport à son domicile, horaires, etc.).

L'EXERCICE PHYSIQUE, UN PLUS POUR NE PAS SE LAISSER SUBMERGER

Selon des chercheurs de l'Arizona State University, les personnes qui font du sport présentent une réponse plus faible aux situations de stress que les autres. Elles ont notamment tendance à sécréter moins d'adrénaline que les sédentaires. Le sport étant un facteur de stress pour le corps, des séances répétées agiraient comme des « vaccins » et augmenteraient les capacités du sportif à faire face aux autres formes de stress. Sans parler de compétition, le simple fait de pratiquer une activité physique permet de réconcilier le corps et l'esprit en libérant notamment certaines hormones du bien-être aux vertus antalgiques, les endorphines. D'où l'importance de choisir un sport qui plaît, en privilégiant les sports d'endurance tels que la natation, la course à pied, la marche, la gymnastique ou encore le vélo.

DIX CONSEILS POUR RÉDUIRE SON STRESS

1. Diminuez ou arrêtez le café ; ou, si vous êtes accro, prenez un peu de décaféiné. Préférez le thé vert, moins riche en théine et contenant beaucoup d'antioxydants.
2. Limitez la consommation de sucres à index glycémique élevé (voir page 300). En effet, l'hypoglycémie qui survient dans les heures suivantes peut rendre colérique et anxieux. Choisissez au contraire les sucres à index glycémique bas.
3. Ne sautez pas de repas pour éviter les hypoglycémies.
4. Augmentez vos apports en magnésium.
5. Augmentez vos apports en vitamines du groupe B, notamment B6, en consommant légumes verts à feuilles, carottes, avocats, haricots verts, abricots, figues, dates, œufs, levure de bière, pain complet, riz complet, légumes secs, poissons, volailles et foies de volailles élevées en plein air, poissons. Leur sensibilité à la chaleur impose des cuissons douces.
6. Limitez l'alcool, qui augmente la fuite de magnésium dans les urines et majore les carences en vitamines B.
7. Dormez suffisamment.
8. Pratiquez une activité physique, mais aussi yoga, relaxation, respiration consciente, taï chi, qi gong, sophrologie...
9. Si besoin, traitez votre flore par un probiotique. Les déséquilibres de flore peuvent induire une diminution du tryptophane, le précurseur de la sérotonine.
10. Si besoin, prenez des compléments de magnésium (en augmentant les doses proportionnellement au stress) ou des tisanes de plantes relaxantes.

RÈGLE N° 7 :

GARDER LA LIGNE

NOUS AVONS VU QUE LE SURPOIDS ÉTAIT UN FACTEUR important de reflux. La graisse – notamment abdominale – peut en effet comprimer l'estomac. Conséquence : les remontées acides sont favorisées, le temps d'exposition de l'œsophage à l'acide s'allonge, les relaxations du sphincter inférieur sont plus fréquentes… En plus, les personnes obèses ont plus de risque que les autres d'avoir un cancer de l'œsophage. D'où l'importance de se débarrasser de ses kilos en trop.

COMMENT AFFINER SA SILHOUETTE ?

La recette est immuable et peut très schématiquement se résumer ainsi :

1• Changer ses mauvaises habitudes alimentaires.

2• Manger moins (en calories, pas forcément en quantité !).

3• Se dépenser plus physiquement.

4• Apprendre à gérer son stress.

POUR Y PARVENIR, RAPPEL DE QUELQUES GRANDS PRINCIPES

• Se fixer **des objectifs raisonnables**, c'est-à-dire en réduisant sa consommation de nourriture de 10 à 15 % (excepté pour les légumes et les huiles oméga-3).

• Très important : avoir des apports en **légumes variés et abondants**. Les légumes doivent constituer la base de l'alimentation en étant présents à chaque repas. Ils ont en effet un faible pouvoir calorique contrastant avec une grande richesse en vitamines et minéraux.

• **Bannir les régimes alimentaires stricts** qui ne comportent qu'un nombre limité d'aliments autorisés. Ils sont voués à l'échec.

• **Ne manger que lorsque l'on a faim**. Encore faut-il ne pas avoir faim tout le temps ! On peut faire 3 à 5 repas par jour selon l'âge. Pas plus. Pour éviter de grignoter entre les repas, il faut mettre au repos les sensations de faim… qui dépendent en grande partie de ce que vous mangez ! Pour réguler son appétit, l'idéal est de privilégier les aliments qui n'augmentent pas trop le sucre sanguin (glycémie). On parle d'aliments à index glycémique (IG) bas. Parmi eux, on retrouve la très grande majorité de légumes et des fruits, les légumineuses (lentilles, pois chiches…) et les céréales complètes (flocons d'avoine, pain complet ou multicéréales, pâtes *al dente*, riz complet), les amandes, noix, noisettes… des aliments dont nous avons parlé précédemment. À l'inverse, les aliments à IG élevé favorisent les fringales et la prise de poids. Parmi eux, on distingue : les aliments à base de farine blanche (pâte, pain blanc, pâtisseries, biscuits, gaufres, viennoiseries), les frites, les chips, la purée de pommes de terre instantanée, les pommes de terre, les céréales du petit-déjeuner (corn-flakes, riz soufflé et autres, y compris les Special K), le riz blanc, les sucreries en tout genre… En fait, ce sont tous les aliments raffinés et ceux qui sont hautement transformés par l'industrie agroalimentaire. Vous trouverez en fin d'ouvrage un tableau d'aliments et leurs IG (page 300).

Ainsi, remplacez systématiquement les aliments à IG élevé par des aliments à IG bas en prêtant attention aux rations. Cependant, si vous êtes irrésistiblement attiré vers le sucre (bonbons, gâteaux…), c'est que vous manquez sûrement de sérotonine (page 168).

• Prendre **des fruits au dessert** ou en collation plutôt que des biscuits et des viennoiseries.

• **Ne pas oublier les oméga-3**, qui calment la faim et interviennent dans la régulation du poids.

• **Limiter les graisses saturées** (viandes rouges, charcuterie, fromages…).

• Ne **pas** consommer **plus de deux laitages par jour**.

• Consommer **plus de protéines de bonne qualité** (poisson gras, coquillages, crustacés, œufs riches en oméga-3, lentilles, soja, etc.).

• Boire **1,5 L d'eau par jour** minimum, de préférence entre les repas (du thé vert, des tisanes…).

• **Mastiquer** le plus longtemps possible ; la satiété aide à se limiter. Mais, éviter le chewing-gum, même sans sucre (page 147).

• **Ne pas sauter de repas**. Favoriser un petit-déjeuner très copieux, gras et protéiné, et alléger le repas du soir (végétaux, poisson).

• Apprendre à **gérer son stress** en favorisant les apports en magnésium.

• Éviter de passer trop de temps devant la télé ou l'ordinateur. Et **bien dormir** ! Les études montrent qu'un bon sommeil est un excellent moyen de lutter contre les kilos.

• **Oublier les plats préparés**, riches en mauvaises graisses, en sucre, en sel… et onéreux, ainsi que les jus de fruits du commerce.

• Enfin, **maintenir une activité physique** est souhaitable pour la ligne mais aussi pour la santé en général.

À noter : si votre poids ne descend pas, notez ce que vous mangez. Cela vous permettra de contrôler et corriger les erreurs éventuelles. Une étude a montré l'efficacité de la prise de notes.

LA CHRONONUTRITION DU REFLUX

Le traitement nutritionnel sera d'autant plus efficace que vous prendrez en compte le moment de la journée pour savoir combien et comment manger. Une attention particulière sera portée à la préparation des nuits.

LA CHRONONUTRITION DU REFLUX EN 10 POINTS ESSENTIELS

1) Le soir, allégez le dîner en quantité et en calories. Évitez les soupes qui augmentent le volume gastrique et ne stimulent pas assez la salivation. Évitez les graisses frites qui ralentissent la vidange gastrique et les boissons gazeuses qui distendent l'estomac. Un exemple de dîner léger : crudités, légumes verts vapeur avec un filet d'huile de colza, poisson.

2) Pour pouvoir dîner léger, les repas du matin et du midi doivent être conséquents. Pour cela, prenez un petit déjeuner copieux, gras, protéiné (glucides à IG bas, beurre, fromage, œuf, poulet….) et à midi un déjeuner suffisamment équilibré.

3) Pensez à goûter dans la matinée et dans l'après-midi ! Ceci vous permettra de fractionner et d'alléger les repas et contribuera à ce que vous n'arriviez pas affamé au déjeuner et au dîner. Les fruits (pomme, banane…) sont faciles à emporter et à consommer !

4) Pour le goûter de 17 heures, préférez une poignée d'amandes, de noix, de noix de Cajou, de noisettes, etc. riches en tryptophane, que vous pouvez associer à des fruits frais ou secs selon la saison.

5) Pensez à bien mastiquer, surtout le soir. Veillez à ce qu'il y ait toujours des crudités au dîner pour améliorer la production de salive.

6) Buvez 2 verres d'eau environ 20 ml avant chaque repas, buvez un peu en mangeant. Ne buvez pas juste après le repas.

7) Si vous pratiquez un sport, mangez au moins 3 heures avant.

LES CALES SOUS LE LIT ? AUX OUBLIETTES !

La nuit, trois éléments peuvent aggraver le reflux :
- le manque de salivation nocturne ;
- l'estomac plein avant le coucher (qui augmente la distension) ;
- la position couchée (même si elle est nécessaire au sommeil !)

Nous avons vu comment remédier aux deux premiers problèmes en suivant quelques règles de nutrition et de chrononutrition. Pour remédier au troisième problème, vous pouvez procéder à la surélévation de la tête du lit par des cales de 15 à 20 cm. C'est une mesure ancienne qui, certes, a son efficacité mais qui n'est pas forcément ni facile ni agréable à mettre en pratique, surtout si celle ou celui qui partage votre lit souffre de varices et a besoin de surélever la partie opposée du lit !

La découverte d'un nouvel équilibre alimentaire permet le plus souvent de ne pas avoir besoin d'envisager cette modification de posture nocturne.

8) Évitez le thé et le café le soir, mais également le vin blanc et la bière et limitez le vin rouge qui ralentit la vidange gastrique.

9) Évitez de vous coucher immédiatement après le dîner. Pour cela, mangez suffisamment tôt et essayez de faire une petite marche tranquille avant de vous coucher.

10) Organisez-vous un temps calme après le repas et évitez les jeux informatiques ou les films violents. En effet, les troubles du sommeil favorisent le reflux et inversement.

COMMENT CHANGER SES HABITUDES

Si vous souffrez d'un RGO contraignant, si vous êtes las d'être constamment malade, alors vous pouvez très bien décider d'opérer un changement rapide et radical. Cependant, tout le monde ne peut pas, du jour au lendemain, jeter ses habitudes au panier. Vous pouvez alors tout à fait opter pour un changement progressif. À vous de décider, vous êtes le mieux placé pour savoir ce qui vous convient. N'oubliez pas que c'est lorsque l'on décide soi-même que les chances de réussite sont les plus grandes.

RADICAL OU PROGRESSIF : CHOISISSEZ LE CHANGEMENT QUI VOUS CONVIENT

Radical

Si vous désirez un changement rapide, suivez les sept règles énoncées page 125 et modifiez l'ensemble de votre alimentation. Une petite synthèse pour vous aider à avoir en tête les 10 points fondamentaux :

1) Consommez des légumes crus et cuits à chaque repas et en quantité importante.

2) Consommez au moins 3 fruits par jour, de préférence en dehors des repas.

3) Consommez chaque jour 1 cuillère à soupe d'huile d'olive et 2 cuillères à soupe d'huile de colza, riche en oméga-3.

4) Buvez de l'eau plate un peu au moment des repas, davantage avant les repas, en évitant la prise après le repas.

5) Mas-ti-quez !

6) Utilisez les céréales biologiques complètes et limitez les produits à base de céréales raffinées.

7) Consommez des légumes secs (lentilles, haricots, pois chiches...) deux fois par semaine, des oléagineux (noix, amandes... non grillées, non salées) une poignée par jour, des graines germées et des algues.

8) Prenez un petit déjeuner très copieux (pain complet, œuf, jambon, fromage...), un déjeuner suffisant et un dîner léger (légumes cuits, crudités...).

9) Limitez :
- les laitages (en préférant chèvre ou brebis) et le gluten ;
- le café ;
- les sodas ;
- le sel ;
- les graisses saturées (beurre, viande rouge, charcuteries...) ;
- le tabac.

10) Favorisez :
- le poisson (deux fois par semaine) ;
- les céréales ancestrales (petit épeautre).

Et n'oubliez pas l'activité physique et la maîtrise du stress.

Progressif

Si vous décidez de procéder par étapes, voici comment ce changement peut se dérouler. Ces modifications alimentaires peuvent prendre du temps à se mettre en place, ne vous en inquiétez pas ! C'est vous seul qui décidez le passage à l'étape suivante.

1) Augmentez les « incontournables » :

- Les **fruits et légumes** (jouez sur la variété en augmentant progressivement les doses).
- Les **huiles** (pensez à l'huile de colza).
- L'**eau**.

J'insiste sur l'importance d'atteindre des doses suffisantes pour que ces modifications soient efficaces. En effet, l'augmentation de la consommation de ces aliments aura pour effet d'induire avec une facilité étonnante la réduction de certains aliments souvent consommés en excès (notamment les produits à base de blé contenant du gluten et les produits laitiers dont nous parlons plus bas). Mon expérience de médecin m'a permis de constater qu'avec ces simples changements, de nombreux patients se sentent déjà beaucoup mieux. Pas seulement au niveau de leur reflux mais aussi de leur humeur, de leur sommeil, de leurs problèmes intestinaux… Généralement, cette satisfaction facilite l'envie de poursuivre la démarche. La pratique d'un sport modéré comme la marche, la natation ou même le vélo d'appartement peuvent vous aider à mieux gérer ces changements et à moduler le stress dont on a vu les conséquences néfastes sur le reflux.

2) Limitez ou supprimez les « néfastes »

Café, sodas, jus de fruits du commerce, bonbons, viennoiseries, gâteaux… doivent progressivement disparaître de votre vie quotidienne. La présence plus importante de légumes et d'oméga-3 dans votre alimentation devrait vous aider à résister. Si vous fumez, tentez de diminuer le nombre de cigarettes (voir règle 5, page 161).

3) Reconsidérez les « faux amis »

Ce sont les produits laitiers, les produits à base de farine de blé, d'orge et de seigle et la viande rouge. Ceux-ci peuvent devenir ennuyeux pour la santé à une certaine dose, qui ne sera pas la même pour tous ! Soyez à l'écoute de votre corps et tentez de détecter une régression des symptômes lorsque vous réduisez certains aliments.

Ne consommez qu'un ou deux produits laitiers par jour ou mieux, supprimez-les momentanément pour mesurer l'effet bénéfique de leur absence. Dans le cas d'un arrêt bénéfique, vous pouvez retenter une réintroduction (15 à 30 jours plus tard) en commençant par le fromage de chèvre et de brebis, en général mieux supportés. Un traitement par probiotiques et glutamine préalable peut faciliter cette réintroduction. Tentez également de diminuer le gluten en favorisant si possible les céréales ancestrales comme le petit épeautre. Le moyen le plus facile consiste à limiter le pain au petit déjeuner. Diminuez votre consommation de viande rouge au profit de la viande blanche et du poisson gras. Diminuez également la consommation des aliments salés du commerce.

4) Faites une place à vos « nouveaux amis »

Remplacez les céréales raffinées par des produits comme les céréales complètes, le petit épeautre, les céréales sans gluten (millet, fonio, amarante, quinoa…). Consommez plus de légumineuses (lentilles, pois chiches…), plus d'oléagineux non-grillés (noix, noisettes, amandes…). Tentez les graines germées, les algues…

QUELQUES RÉPONSES À VOS INQUIÉTUDES

Puis-je continuer à manger du beurre et de la crème ?

Vous pouvez tout à fait utiliser un peu de beurre cru le matin au petit déjeuner. Évitez en revanche de les faire cuire ! Quant à la crème fraîche, riche en protéines de lait, il est préférable de la remplacer par de l'huile.

Dois-je bannir la viande rouge ?
Limitez sa consommation mais ne la supprimez pas ! Une à deux fois par semaine, c'est bien. Alternez-la avec des viandes blanches (poulet, dinde…).

Si je dois diminuer les laitages et le gluten, que puis-je manger au petit déjeuner ?
Voici des idées de petit déjeuner sans laitage et sans gluten.
Boissons : thé vert, infusion, chicorée, lait végétal (amandes, noisettes, riz…).
Céréales : crêpes de sarrasin, flocons de sarrasin, flocons de légumes secs, riz complet, quinoa, pain sans gluten maison, galette Essene au sarrasin germé, craquottes de sarrasin ou quinoa (pain des fleurs).
Protéines : œuf coque, poulet, dinde…

N'hésitez pas à consommer le matin des oléagineux (amandes, noix, noisettes, sésame, pignons, noix de cajou, graines de courge) et des fruits frais de saison.

UNE RECETTE DE PETIT DÉJEUNER INSPIRÉE DU DR KOUSMINE

Mettre dans un bol de la compote de pomme sans sucre maison ou une banane mûre écrasée, 2 c. à s. d'huile de colza, de cameline ou de chanvre bio, ½ citron pressé, 2 c. à c. de sarrasin, de millet ou de riz complet (fraîchement moulus au moulin à café), 2 c. à c. d'oléagineux moulus. Bien mélanger avant de rajouter 1 à 2 fruits frais coupés en petits morceaux.

Si je diminue les produits laitiers, vais-je manquer de calcium ?
Non, si vous alimentation est suffisamment riche en fruits, légumes, légumineuses, graines oléagineuses, vous ne manquerez pas de calcium.

Combien d'œufs par semaine ?

2 à 5 œufs par semaine. C'est un excellent aliment à consommer le matin.

Puis-je cuisiner la viande et le poisson à la vapeur ?

C'est la technique de cuisson actuellement la plus recommandée. Le poulet se prête très bien à la cuisson vapeur. Vous pouvez faire comme Christine Bouguet-Joyeux qui conseille par exemple de cuire 6 minutes à la vapeur douce des blancs de poulet coupés en petits dés. Puis de les sortir dès qu'ils sont blanchis mais encore un peu rosés et de les placer dans une terrine avec du sel gris, du thym, de l'huile d'olive, des fines herbes, du curry... Idem pour les filets de poisson qui peuvent être cuits à la vapeur douce. Dès que la chair du poisson commence à se détacher en copeaux, sortir les filets pour les assaisonner dans un saladier avec du sel gris, du fenouil, du cumin, du jus de citron et/ou du vinaigre de cidre, de l'huile d'olive. Pour les viandes rouges, la cuisson vapeur est plus délicate : il faut la cuire très peu sinon elle devient dure. Si vous la préférez cuite à la poêle alors faites seulement un aller-retour et mangez-la saignante. Le carpaccio est également une bonne alternative.

Dois-je renoncer aux bons petits plats ?

Si les aliments bons pour la santé deviennent bons pour votre goût, alors ce sera gagné ! Et si, de temps en temps, vous avez envie de craquer pour des aliments peu recommandables mais que vous trouvez si bons, comme les frites, un steak bien grillé, un bon petit plat en sauce, eh bien faites-vous plaisir ! Surtout si, au cours de ce même repas, vous consommez aussi des légumes et des fruits. Si vous êtes le plus souvent raisonnable, les petits extras ne nuiront pas à votre santé. Le problème c'est lorsque les extras deviennent quotidiens !

RESTEZ DANS LA BONNE HUMEUR

Se priver un moment, c'est possible. Maintenir dans le temps de nouvelles habitudes, c'est plus difficile. Il faut de la motivation. Alors, pensez à tous les bénéfices que cette nouvelle façon de se nourrir va vous apporter en plus du traitement de votre reflux : soulagement articulaire, protection contre le cancer et les maladies cardiovasculaires, perte de poids, mieux-être général... Les mots fréquemment prononcés par mes patients ravis du changement : « Léger, je ne me suis jamais senti aussi léger ! » ou « J'ai rajeuni de 10 ans ! ». Si la vision de ceux qui mangent sans se poser de question tout en restant en bonne santé vous insupporte, rappelez-vous que l'on est loin d'être tous pareils ! Chacun possède sa propre vulnérabilité. Et d'ailleurs, qui vous dit que ceux qui vous narguent avec leurs mauvaises habitudes sont vraiment robustes ? Quand une maladie sérieuse frappe, elle a le plus souvent derrière elle un passé sournois et silencieux. Dans les moments de découragement, rappelez-vous cette phrase célèbre : « tout bien portant est un malade qui s'ignore » !

Faites-vous plaisir

Impossible de maintenir le changement s'il n'apporte pas de satisfaction. Donc, si certains aliments que vous affectionnez particulièrement sont diminués ou supprimés, une compensation par d'autres aliments sera nécessaire. Découvrez ! Innovez ! Dans la mesure du possible, choisissez des aliments de qualité qui vont vous attirer et que vous apprécierez davantage.

Choisissez la qualité

Un légume qui a bon goût est très facile à cuisiner : une cuisson vapeur sera souvent suffisante. Un peu d'épices, des aromates, un filet d'huile bien parfumée suffisent souvent pour l'accommoder et le rendre à votre goût. Il en est de même pour les fruits : si les fraises sont savoureuses, inutile de rajouter de la crème et du sucre.

Variez les saveurs

Tous les fruits et tous les légumes n'ont pas les mêmes teneurs en vitamines, en fibres, en minéraux... En variant souvent les aliments, vous diminuerez vos risques de carence. Vous vous lasserez également moins et surtout vous diminuerez le risque d'installer ou d'aggraver des intolérances alimentaires.

Jouez sur les couleurs et les présentations

Le plaisir des yeux aide à mettre en appétit. Pour cela, n'hésitez pas à soigner la présentation, à regrouper des crudités de différentes couleurs, à disposer des feuilles de laitue autour d'un plat, à décorer de brins d'herbes aromatiques ciselés... Ces gestes vous semblent inutiles ? Ils peuvent pourtant faciliter l'envie de goûter à des saveurs différentes ou nouvelles.

Agrémentez

Si l'idée des poireaux-vinaigrette vous déprime, si des carottes vapeur à l'huile de colza ne vous font vraiment pas palpiter, ne désespérez pas ! En cuisine, les possibilités sont infinies. Les sauces à base de pois chiche (type houmous), de chair d'aubergines cuites en papillote (caviar d'aubergine), de poivrons, d'olives noires (tapenades)... vous permettront de rendre plus séduisants de simples légumes vapeur. Agrémentez-les de citron, d'ail, d'oignon, d'herbes aromatiques, d'épices... afin de rehausser leur goût. Vous pouvez également faire des mayonnaises à base d'huile d'olive ou de colza ou des vinaigrettes avec des mélanges de plusieurs huiles (huile de noix, de colza, d'olive...). Bref, débridez votre imagination... et osez saliver !

ET SI ÇA NE MARCHE PAS ?

FAITES LE BILAN DU CHANGEMENT EN ESSAYANT D'ÉVALUER s'il a été correctement effectué. Posez un œil critique sur ce qui a été modifié et sur ce qui n'a pas pu l'être. L'augmentation des végétaux est-elle suffisante ? Consommez-vous assez d'huiles riches en oméga-3 ? Le café, la cigarette ont-t-elles été réduites ? La cuisson des aliments a-t-elle été modifiée ? Essayez de passer un à un tous les changements que vous avez effectué, en essayant de trouver où ça pèche, et redressez la barre.

QUAND LE STRESS RÉSISTE

Êtes-vous suffisamment zen ? Le stress peut constituer un véritable échec au traitement par la nutrition et c'est la première cause à envisager si le changement alimentaire vous paraît correct. N'oublions pas qu'il est capable à lui tout seul de disjoindre les cellules de l'œsophage mais aussi celles de l'intestin en créant une augmentation de la perméabilité de la muqueuse et ainsi des intolérances alimentaires qui peuvent être multiples. Lutter contre le stress, c'est d'abord éviter les excitants comme le café, surtout si vous avez l'habitude d'en boire de grandes quantités. Attention ! Chez certaines personnes, un seul café peut augmenter le stress et générer des troubles du sommeil, quelle que soit son heure de prise. Chaque individu pourra avoir ses propres réactions. Lutter contre le stress c'est ensuite manger correctement car on augmente son agressivité en étant en hypoglycémie. Enfin, c'est apprendre à maîtriser son stress par des techniques comme la relaxation, le yoga, la sophrologie, le taï chi chuan, le qi gong, la méditation. Bien sûr, il est toujours possible de s'aider de compléments nutritionnels dont, par exemple, le magnésium qui a une large place dans ce domaine.

QUAND LA FLORE INTESTINALE SE MANIFESTE

Comme nous l'avons vu dans les chapitres antérieurs, un mauvais équilibre de l'estomac et de l'intestin peut avoir des répercussions sur le reflux et contribuer à aggraver le problème. La fréquence des colopathies associées au reflux incite bien sûr à corriger la flore et la perméabilité intestinale. Un traitement par probiotiques est le plus souvent bénéfique (voir page 192). En cas de suspicion d'une augmentation de la perméabilité intestinale (douleurs articulaires, eczéma, psoriasis…), un traitement par glutamine associé à des évictions alimentaires est souhaitable (voir dessous).

CERTAINS ALIMENTS DOIVENT-ILS ÊTRE DAVANTAGE DIMINUÉS ?

Si vous n'aviez pas laissé tomber les **laitages**, si vous avez maintenu les aliments contenant du **gluten**, alors tentez leur éradication. Le maintien de ces aliments est souvent en cause quand le traitement nutritionnel n'amène pas aux résultats escomptés. Pour les produits laitiers, il suffit dans un premier temps de diminuer leur consommation à un voire deux par jour. Si le résultat n'est pas concluant, il faut avoir le courage de les arrêter complètement pendant quelques temps et ne pas hésiter à mettre à profit ce temps de répit pour traiter l'intestin et sa flore avant de tenter la réintroduction à petites doses. Pour le gluten, la solution la plus simple consiste à diminuer sa quantité en utilisant de préférence des céréales ancestrales mieux supportées : épeautre ou mieux encore petit épeautre. Là encore, si le reflux résiste, il est intéressant d'arrêter complètement et le réintroduire secondairement, doucement toujours après traitement de l'intestin. Autre piste : tentez d'éliminer les **oignons** crus, les **tomates**, les **agrumes**.

ATTENTION À CERTAINS MÉDICAMENTS !

Anti-inflammatoires et aspirine peuvent perturber l'efficacité du traitement nutritionnel. S'il s'agit d'une automédication, essayez de vous en passer. S'il s'agit d'une prescription médicale, voyez avec votre médecin si le traitement peut être modifié. Les antibiotiques en continu, prescrits notamment en cas d'infections urinaires chroniques, altèrent la flore intestinale et peuvent influencer négativement l'effet des changements alimentaires.

À LA RECHERCHE D'UN NOUVEL ÉQUILIBRE POUR CHACUN

Chaque individu étant unique, les réductions alimentaires voire les exclusions ne seront pas les mêmes que pour le voisin. C'est là toute la difficulté ! Et même quand l'intestin sera devenu plus coopérant, plus imperméable, il y aura toujours certains aliments un peu récalcitrants dont il ne faudra pas dépasser un certain seuil. Par exemple : le gluten, les laitages. Beaucoup de mes patients ont ainsi pu réintroduire les légumes et les fruits crus qu'ils ne toléraient plus. Certes, ils ont diminué la consommation de certains aliments qu'ils appréciaient, mais cela leur a permis d'en découvrir une multitude d'autres et surtout de se sentir en bien meilleure santé. Et si ces paroles font briller dans vos yeux une lueur d'espoir, c'est que vous êtes maintenant prêt pour tenter à nouveau l'aventure !

ET SI C'ÉTAIT UNE OESOPHAGITE À ÉOSINOPHILES ?

D'origine immunoallergique, elle peut se manifester comme un reflux pouvant résister au traitement. L'existence d'un terrain atopique (asthme, rhinite...) peut orienter le diagnostic vers cette pathologie. La fréquence de l'œsophagite à éosinophiles est en augmentation mais cela peut s'expliquer par le fait qu'elle est de mieux en mieux dépistée. Elle peut se manifester à tout âge, même chez l'enfant, mais elle survient le plus souvent chez l'homme de plus de 65 ans. La fibroscopie peut être normale et ce sont les biopsies, retrouvant une infiltration d'éosinophiles, qui orientent le diagnostic. La plupart des allergènes responsables proviennent de l'alimentation. Les coupables les plus fréquents sont le lait (surtout de vache), le blé, les œufs, le soja, les fruits à coque (l'arachide, noisettes...), le poisson et les fruits de mer. C'est l'exclusion empirique de ces 6 aliments pendant 6 semaines qui peut permettre la guérison de la maladie dans 7 à 8 cas sur 10. La personne doit réintroduire un aliment après l'autre et voir si elle le tolère. Cette pathologie résistera au traitement nutritionnel antireflux conseillé dans ce livre si les aliments responsables n'ont pas été retirés.

LES COMPLÉMENTS QUI AIDENT

L'ALIMENTATION CONSTITUE LE PRINCIPAL TRAITEMENT DU reflux mais les compléments peuvent apporter un soutien non négligeable. C'est surtout dans la lutte contre l'oxydation, l'inflammation et le stress mais aussi pour résoudre les désordres intestinaux qu'ils seront les plus utiles. Pour choisir ceux qui sont les plus adaptés à votre cas, faites-vous conseiller par un thérapeute informé. Les compléments peuvent en effet parfois occasionner des effets secondaires ou interférer avec certains médicaments.

LES COMPLÉMENTS DE L'OXYDATION : LES ANTIOXYDANTS

Quand sont-ils utiles ?

• En début de traitement du reflux pour accélérer les résultats, notamment pour ceux qui ont du mal à bouleverser leurs habitudes.
• Si le résultat des changements alimentaires est insuffisant.
• Si l'alimentation est carencée depuis longtemps (régimes restrictifs, faible consommation de légumes et fruits crus…)
• En présence d'un reflux très douloureux ou compliqué d'ulcérations.
• Si le reflux est associé à :
- une infection à *Helicobacter* (une étude a démontré que le risque de cancer gastrique favorisé par la bactérie est plus grand en cas de carence en vitamine C) ;
- des pathologies chroniques (maladies inflammatoires du côlon, douleurs articulaires, obésité…) ;
- du stress psychologique.

Pour s'y retrouver

Antioxydants liposolubles (protégeant les membranes cellulaires)
- Vitamine E
- Caroténoïdes (béta-carotène, lutéine, lycopène)
- Coenzyme Q10

Antioxydants hydrosolubles (protégeant l'intérieur de la cellule)
- Vitamine C
- Polyphénols (flavonoïdes, oligo-proanthocyanidines ou OPC...)
- Glutathion

Antioxydant lipo- et hydrosolubles : acide alpha-lipoïque

Minéraux qui potentialisent l'action des enzymes antioxydantes :
- Sélénium
- Cuivre
- Zinc
- Manganèse

Curcumine : retrouvée dans le curcuma, elle est antioxydante et anti-inflammatoire (absorption favorisée par la pipérine du poivre).

Que choisir ?

Plutôt un mélange de minéraux et d'antioxydants qui mime mieux les effets physiologiques de l'alimentation.

LES COMPLÉMENTS DE L'INFLAMMATION : LES OMÉGA-3

Quand sont-ils utiles ?

• En début de traitement chez des patients ayant du mal à modifier leurs habitudes alimentaires.
• En cas de résultat insuffisant de la nutrition.
• Si le reflux est sévère ou compliqué.
• En cas de diabète insulino-dépendant, de maladies inflammatoires du côlon, de problèmes articulaires, de maladies auto-immunes...
• En cas de dépendance à l'alcool ou de syndrome dépressif.

• Si la carence en oméga-3 est ancienne.
• Si la personne est âgée et/ou dénutrie.

Lesquels choisir ?

Préférez les gélules à base de mélanges de deux types d'oméga-3 dits « à longue chaîne » appelés EPA et DHA. Ils sont du même type que ceux apportés par le poisson ou les produits animaux, et ce sont ceux qui sont le plus assimilables par l'organisme. L'EPA a des effets anti-inflammatoires ainsi que des effets bénéfiques sur le stress et l'anxiété que n'a pas le DHA. Veillez donc à ce que le ratio EPA/DHA soit le plus élevé possible. Veillez également à ce que les gélules contiennent de la vitamine E, qui permet d'éviter l'oxydation et la transformation des oméga-3 en acides gras trans néfastes. La dose est généralement de 1 gramme de DHA+EPA par jour.

Attention au surdosage !

Les Esquimaux qui consomment beaucoup d'aliments marins ont des apports extrêmement importants en oméga-3. Ils ont aussi un risque plus élevé d'hémorragies cérébrales. Un surdosage en oméga-3 peut en effet favoriser le risque hémorragique à partir d'une consommation supérieure à 3 grammes par jour.

LES COMPLÉMENTS DU SYSTÈME DIGESTIF

Les probiotiques

Quand sont-ils utiles ?

• En cas de constipation, diarrhée, douleur abdominale, ballonnement…
• Si les légumes crus et les fruits sont mal supportés.
• Avant la réintroduction de certains aliments exclus.
• En cas d'intolérance au gluten.

• En cas de reflux associé à dans les maladies telles que : inflammation du côlon, douleurs articulaires, infections urinaires à répétition, maladie auto-immune, troubles de l'humeur.
• En cas d'infection par *Helicobacter pylori*.

Lesquels choisir ?

Le mieux est de demander conseil à un médecin spécialisé qui pourra vous aider à choisir en tenant compte de votre pathologie et de votre terrain.

Prêtez attention à :

• **La quantité de germes**

Ils doivent contenir une bonne quantité de germes vivants (nombre de bactéries ou de levures supérieur ou égale à 10 milliards de germes par dose (poudre, sachet ou gélule).

• **Au choix des germes**

Beaucoup d'auteurs privilégient les mélanges de plusieurs souches dont les effets peuvent se compléter. En l'état des connaissances, le choix est souvent empirique et il ne faudra pas hésiter à changer de souches si vous n'obtenez pas de résultats ou si des effets gênants (gaz essentiellement) se produisent et persistent après plusieurs jours de traitement. L'utilisation de préparations à bases de germes inactivés, dénués d'augmentation de production gazeuse, peut être très utile.

Comment les utiliser ?

Il est préférable de prendre le complément probiotique le matin à jeun dans une eau ni trop froide ni trop chaude pour ne pas détruire les bactéries. Au début, commencez par une prise quotidienne pendant un mois puis quand la situation est équilibrée, essayez d'espacer les doses. Une prise une à deux fois par semaine est très souvent suffisante car si les bactéries apportées ne s'implantent pas, elles transitent dans l'intestin pendant plusieurs jours.

Les compléments anti-*Helicobacter*

La canneberge

En plus de son effet antioxydant, cette baie permet d'empêcher l'adhésion d'*Helicobacter* sur la muqueuse gastrique. Une action identique est constatée pour la prévention de l'adhésion d'*Escherichia coli* au niveau urinaire, possédant ainsi un rôle de prévention des infections urinaires.

Les huiles essentielles

Certaines huiles essentielles comme celle d'origan ont des pouvoirs anti-infectieux à très large spectre, extrêmement intéressants. Leur utilisation est délicate. Prenez conseil auprès d'un professionnel.

Le sulforaphane

Présent dans le brocoli (surtout cru ou dans les graines germées), ce composé possède une action bactéricide sur l'*Helicobacter*. Quelques études en font état dans la littérature. D'autres travaux sont encore nécessaires pour prouver son utilité dans le traitement du reflux.

La réglisse

Lire page 198.

La glutamine

Quand est-elle utile ?

- Avant une réintroduction d'aliments exclus (produits laitiers par exemple).
- En cas de prise d'anti-inflammatoire.
- Si le reflux est associé à une maladie auto-immune, une maladie allergique, des douleurs articulaires, des intolérances alimentaires.

Comment l'utiliser ?

La glutamine est l'acide aminé qui alimente au niveau énergétique les cellules de l'intestin et celles de l'immunité. Elle est capable de :

• limiter la production de molécules inflammatoires (cytokines) par les cellules ;
• protéger les jonctions serrées entre les cellules en améliorant ainsi l'étanchéité de la muqueuse et donc de limiter les intolérances alimentaires.

Elle est le précurseur du neurotransmetteur le GABA, aux effets calmants. Elle s'utilise sous forme de cures, à des doses très variables (dans la littérature).

La mélatonine

Cette hormone qui favorise le sommeil est fabriquée la nuit par le cerveau mais aussi au niveau du tube digestif. La mélatonine :
• réduit la sécrétion gastrique acide et l'inflammation ;
• augmente le nombre de molécules capables de séquestrer les radicaux libres toxiques pour la muqueuse ;
• diminue la fabrication du monoxyde d'azote qui participe au relâchement du sphincter inférieur de l'œsophage.

Sa concentration serait diminuée chez les reflueurs présentant une œsophagite. Les déficits en magnésium et en zinc pourraient diminuer son taux sanguin. Une étude brésilienne récente a démontré l'efficacité de la mélatonine dans le reflux. Associée à des vitamines, de la bétaïne et du L-tryptophane, elle serait nettement plus efficace que les IPP.

LES COMPLÉMENTS DU STRESS

Le magnésium

Quand l'utiliser ?

• En cas de stress.
• En cas de trouble du sommeil.
• En cas de surpoids ou d'obésité.
• Si le reflux est insuffisamment amélioré par l'alimentation.

Lequel choisir ?

Les sels de magnésium sont souvent mal supportés au niveau digestif : douleurs abdominales, diarrhées… Ces effets secondaires gênants peuvent être complètement évités en le choisissant sous forme magnésium marin ou de glycérophosphate de magnésium ou couplé à un acide aminé. Non seulement ces formes n'occasionnent aucun trouble digestif mais en plus elles facilitent l'absorption intestinale du magnésium. Pour plus d'efficacité, le magnésium est souvent associé à la vitamine B6 et à la taurine. Variez les types de magnésiums pour éviter les surdosages en vitamine B6.

Le lithium

Le lithium en oligoélément est anxiolytique. Il augmente la sérotonine, l'hormone du calme. Il limite tout type de compulsion (tabagique, alimentaire…)

Le fer

Il participe à de nombreuses réactions chimiques de l'organisme, notamment dans la fabrication de l'hémoglobine, mais aussi dans celle de la sérotonine (l'hormone du calme). Attention ! Pas de complément contenant du fer si la ferritine n'est pas diminuée (en dessous de 50 µg/ml) car le fer aurait cette fois un effet aggravant le stress oxydatif.

Le *Ginkgo biloba*

Connu surtout pour ses vertus veinotoniques et vasculoprotectrices, il présente un effet anxiolytique et antioxydant, limite la production de NO en régulant l'expression de l'enzyme le fabricant : l'INOS.

Le *Griffonia simplicifolia*

Cette plante contient environ 5 % de 5-HTP, précurseur de la sérotonine et de la mélatonine. Elle améliore l'humeur, le sommeil et les compulsions.

L'aubépine

Les sommités fleuries calment l'anxiété et les insomnies, régularisent le rythme cardiaque et contiennent des antioxydants.

La valériane

Son rhizome et ses racines ont des vertus sédatives (sommeil).

LES COMPLÉMENTS PROTECTEURS ET/OU ALCALINISANTS

Le jus d'orge

Ce jus, exempt de gluten, est très alcalinisant et riche en vitamines, minéraux et antioxydants.

La réglisse

Effet protecteur des muqueuses et anti-ulcéreux. Éviter l'utilisation continue qui favorise l'hypertension. En décoction (racines) ou en complément.

La guimauve

Anti-inflammatoire de la muqueuse gastro-intestinale mais aussi buccale et pharyngée. Intéressante dans la toux sèche. En infusion (fleurs séchées).

Le lithothamne

Petite algue riche en carbonate de calcium neutralisant l'acidité et source intéressante de calcium.

L'*Aloe vera*

Cette plante riche en minéraux et en acides aminés stimulerait la production de mucus. Elle soulage rapidement le reflux.

L'argile

Son effet cicatrisant et alcalinisant permet une action rapide. À éloigner des repas pour éviter une diminution de l'absorption des micronutriments.

LE REFLUX, UNE CHANCE

JE VOUS AI PARLÉ DANS LE PRÉAMBULE DE CE LIVRE DE MA surprise face aux effets spectaculaires que pouvait avoir l'alimentation sur le reflux. J'ai été encore plus surprise de constater chez nombre de mes patients des améliorations voire la disparition de leurs problèmes digestifs (constipation, diarrhée, ballonnements), de leurs douleurs articulaires, de leurs troubles du sommeil et de l'humeur, de leurs problèmes d'acné, de leur surpoids, de leur tendinite chronique, et parfois même, quand l'alimentation était suffisamment stricte, des rémissions prolongées de maladies inflammatoires du côlon. Mes patients aussi étaient surpris ! Ce qui les épatait le plus – et qui les épatent toujours – c'est l'amélioration voire la disparition très rapide des douleurs articulaires. C'est une aubaine car ce problème est extrêmement fréquent et souvent invalidant. Et, à ce jour, la médecine n'offre qu'une solution symptomatique à base de médicaments anti-inflammatoires mal supportés par l'œsophage, l'estomac et l'intestin.

FAITES UN DON À VOTRE CORPS

Souvent, on me dit « Je n'ai pas de chance avec ce reflux ; les copains mangent n'importe quoi et n'ont pas de problème ! » Eh bien là, je pense sincèrement que mon patient reflueur a de la chance, la chance que son corps lui crie : « Stop à la malbouffe ! ». L'alimentation mal adaptée, les techniques de cuisson agressive, le stress de la vie actuelle, la pollution, etc. se liguent en effet pour perturber tous les rouages de cette extraordinaire machine humaine menant à sa fragilisation et à son épuisement. Si le reflueur en prend conscience et accepte de modifier son alimentation, alors il aura tout à y gagner : non seulement il n'aura plus de reflux mais son alimentation va le protéger des maladies de la civilisation moderne (obésité, diabète, cancer, neurodégénérescences...) qui sont encore plus graves que le reflux habituel. Aujourd'hui, la recherche scientifique est en quête de moyens contribuant au renforcement des capacités de défense pour pouvoir pallier ces aliments inadéquats. La prudence et le bon sens incitent pourtant à s'orienter vers une alimentation plus simple, plus « naturelle », basée sur nos réels besoins physiologiques. L'apparition depuis quelques années de plusieurs livres sur l'alimentation ancestrale témoigne de cette prise de conscience.

Malgré toutes mes années d'études (médecine, gastro-entérologie, nutrition, micronutrition), je me suis sentie humble devant la puissance de l'alimentation et de l'être humain qui comprend comment s'en servir. Lecteurs, il suffit de vous en persuader. Le pouvoir de guérison est maintenant entre vos mains.

QUELQUES CAS CLINIQUES

VINCENT, 51 ANS

S'il s'agissait de raconter uniquement l'histoire de la douleur de mon RGO, il n'y aurait rien à dire, car je n'ai jamais ressenti la douleur typique qui brûle en remontant l'œsophage. C'est tout juste si je ressentais une petite impression de chaleur au niveau de l'œsophage. Le goût quelque peu désagréable, voire le passage du liquide gastrique dans les poumons masquaient complètement les symptômes œsophagiens. Parfois, c'était une petite douleur localisée et placée au niveau de l'estomac. Je me rappelle qu'à l'âge de huit ou dix ans, j'étais déjà habitué à avoir des périodes de remontées acides en bouche, des quintes de toux, une gêne au niveau de l'estomac. Le conseil de l'époque était : « Bois un grand verre de lait, ça va passer. » Je me souviens aussi d'épisodes réguliers de « rhumes ». Ces maladies commençaient toujours de la même façon : d'abord un mal de gorge, puis le nez qui se bouche et ensuite, très souvent, la bronchite et ses sécrétions. Je n'avais jamais de fièvre. Je me souviens aussi, vers ma plus tendre enfance, d'épisodes de nausées avec des séries de vomissements difficiles à interrompre.

Mauvais diagnostics et mauvais traitements

De temps en temps, quatre à six fois par an, ma mère, qui en avait assez de m'entendre tousser, m'emmenait chez le docteur. Il nous parlait d'angines tombant sur les poumons, de bronchites avec pharyngites, de rhino-pharyngites avec surinfection bronchique, de mauvais rhumes… ! Le traitement a évolué dans le temps. Au début, il concernait uniquement les symptômes puis, vers les années 1970, c'était l'infection elle-même qui était visée avec l'antibiothérapie. Mais, quel que soit le traitement, l'affection durait deux à trois semaines.

Les limites des traitements médicamenteux

En 1980, pendant mon service militaire – l'accès aux soins était facile et gratuit –, je suis allé consulter pour la première fois pour ces remontées et ces petites douleurs d'estomac. J'en suis ressorti avec du sirop antiacide qui me soulageait assez bien. C'était plus efficace et plus facile à obtenir qu'un verre de lait ! En 1983, mes épisodes de gastralgie (douleurs d'estomac) étant de plus en plus fréquents et d'une durée de plus en plus longue, mon nouveau médecin de famille me conseilla d'aller voir un gastro-entérologue. Une endoscopie gastrique a permis de découvrir un ulcère duodénal qui a été traité par anti-H2, et je fus tranquille pendant trois mois. À la fin du traitement, la routine de mes petites misères s'est remise en place : bronchites traitées par antibiotiques, gastralgies traitées par des pansements antiacides. Comme je travaillais pour l'industrie pharmaceutique, j'avais dorénavant les moyens de me procurer le médicament miracle en échantillon gratuit, de le prendre à la demande et ainsi, d'échapper à l'endoscopie qui n'est pas l'examen le plus agréable. J'avais ainsi résolu mes gastralgies, mais mes « maladies bronchiques » continuaient et étaient traitées par antibiotiques à raison de 3 à 6 traitements par an. En 1995, au cours d'un épisode de mal de gorge un peu plus important et bizarrement long, sans bronchite, je me suis dit que je devais avoir une tumeur à la gorge. Je suis allé voir un ORL qui m'a rassuré. Il m'a dit que c'était certainement dû à une remontée du liquide gastrique et qu'il fallait que je retourne voir un gastro-entérologue. Je pris donc mon anti-H2, et ma douleur de gorge disparut rapidement. Une nouvelle endoscopie permit de découvrir une œsophagite discrète signant un reflux gastrique. On me prescrivit alors le médicament bloquant le plus l'acidité, un IPP que je pris en cas de douleur d'estomac et/ou de mal de gorge. Entre ces traitements, je continuais à faire des bronchites « infectieuses » que mon médecin de famille traitait toujours par des antibiotiques. Petit à petit, les périodes sans traitement par IPP devenaient de plus en plus courtes, tandis que les bronchites diminuaient en fréquence et en gravité.

Le « miracle alimentaire »

C'est en 2000 que j'eus la chance de découvrir le livre du Dr Jean Seignalet, *L'alimentation ou la troisième médecine*. À l'époque, je souffrais d'une tendinite du coude, récalcitrante à tous les traitements, avec ossification des tendons et qui était très invalidante. Dans son livre, le Dr Seignalet proposait une approche nouvelle à peine croyable pour une personne comme moi qui avait toujours baigné dans un environnement médical. Ces arguments semblaient d'une telle rigueur scientifique que j'eus fortement envie d'essayer ses conseils diététiques. J'ai profité d'un contrôle coloscopique et donc du nettoyage du tube digestif pour mettre en place l'évitement des céréales modernes (froment, blé tendre, blé dur, seigle, orge, avoine) en association avec des probiotiques. J'aurais bien voulu aussi éliminer le lait, mais c'était impossible à faire car je devais alors passer 15 jours de vacances au ski en pension complète. Les résultats ont été véritablement stupéfiants. Les douleurs aux genoux, que j'avais systématiquement depuis l'âge de 16 ans dès que je les sollicitais, disparurent définitivement (on me disait que c'était génétique et qu'il n'y avait donc rien à faire si ce n'est poser des prothèses !). Ma tendinite ne semblait plus évoluer. Je ne sentais plus de remontée acide vers la gorge. Aussi, je me décidai à arrêter progressivement l'IPP que je prenais en continu depuis près de trois ans. Avant cela, tout arrêt était sanctionné par une reprise quasi immédiate de mes maux de gorge. Mais là, un véritable miracle se produisit. J'avais réussi à arrêter un traitement médicamenteux sans ressentir de douleurs, trois semaines après l'arrêt des céréales modernes ! C'était d'autant plus inespéré qu'à aucun moment le Dr Seignalet n'avait décrit une efficacité de ses conseils dans ce type de pathologie. L'euphorie fut cependant de courte durée.

Éradication des céréales et des produits laitiers

Moins d'une semaine après (soit quatre semaines après le début de l'élimination des céréales modernes), une gastralgie et un mal de gorge refaisaient leur apparition. Je repris 4 à 5 jours d'IPP et, une fois les douleurs disparues, j'arrêtai de nouveau le traitement. Rentré de vacances et, devant ces premiers résultats plus qu'encourageants, je complétai les conseils diététiques du Dr Seignalet et arrêtai complètement les laits animaux. De nouveaux miracles se produisirent : migraines et insomnies disparurent, mais aussi acné, douleurs abdominales avec tendance à la diarrhée, dont je ne parlais pas parce qu'elles semblaient faire partie de ma vie de tous les jours. Cependant, de temps en temps encore, des rechutes de mon reflux survenaient, même si deux jours de traitement suffisaient à le supprimer. Très rapidement, j'ai compris ce qui se passait. Ces douleurs apparaissaient systématiquement environ deux heures après une prise involontaire de blé. La preuve était faite pour moi. Les tests de réintroduction étaient tous positifs, même à mon insu. Ce n'était pas psy, comme on l'entend trop souvent ! La chasse au blé s'ouvrait, et mes rechutes se firent de plus en plus rares et de moins en moins graves. Il y a seulement sept ans que j'ai fait le rapprochement avec mon fils qui se plaignait de temps en temps de gastralgie et de vomissements comparables à ce que j'avais vécu. Les effets de la suppression du blé moderne et le remplacement par des céréales ancestrales ne se sont pas fait attendre chez lui non plus. Depuis quatre ans, je ne prends plus d'IPP ; je n'ai pas eu de bronchite ni de traitement par antibiotiques depuis huit ans. Voici le classement des céréales que j'ai pu établir par rapport à mes réactions, de la plus toxique à la moins toxique : le blé tendre ou froment (une quantité extrêmement faible suffit pour me déranger), le blé dur, puis, à égalité, le seigle, l'orge, l'avoine et le kamut (je peux en prendre 2 ou 3 rations normales de suite, avant de ressentir mes symptômes). Le grand épeautre du nord ne me pose pas de problème à partir du moment où il n'est pas pollué par du froment. Malheureusement, c'est souvent le cas du pain et même de la farine de grand épeautre. C'est sans aucun doute le petit épeautre (le vrai blé ancien) que je tolère le mieux, mais je dois faire attention aux contaminations. Ma solution est de l'acheter en grains pour le consommer tel quel après cuisson, ou mieux en pain avec du levain pur, ou encore mieux faiblement germé (pain essène, faiblement cuit ou cru). J'ai pu réintroduire à petites doses le fromage de chèvre et de brebis.

Commentaire

La belle et longue histoire de Vincent montre l'effet étonnant des modifications alimentaires sur le reflux mais aussi sur les autres pathologies associées, très nombreuses dans son cas : ulcère, tendinite, douleurs articulaires, bronchites, rhumes, acné, colopathie avec tendance à la diarrhée, migraines, insomnies... Le bilan pratiqué chez lui n'a pas montré de maladie cœliaque. Il supporte bien le petit épeautre qui contient du gluten, mais à dose beaucoup plus réduite que dans le blé. Des études récentes évoquent la toxicité du gluten chez les personnes non atteintes de maladie cœliaque et ainsi, on peut imaginer que l'augmentation régulière des doses de gluten dans l'alimentation moderne puisse favoriser de nombreuses pathologies. Vincent a eu le courage de balayer ses habitudes alimentaires pour en adopter de nouvelles qu'il apprécie énormément sans ressentir aucune frustration. Il a découvert le secret du changement alimentaire durable.

LAURE, 69 ANS

Je n'ai pas très envie de remonter dans l'histoire de mon reflux, une histoire pénible qu'on a envie d'étouffer pour ne pas revivre des souvenirs lourds de souffrance. Mais, j'accepte de témoigner afin de rendre service à ceux qui souffrent de cette maladie.

Des opérations multiples

Mes premiers reflux datent de 1972 ; à l'époque, j'avais 29 ans. Au début, ils sont supportables. Mais, très vite, ils s'amplifient et me rendent la vie difficile. On me découvre alors une hernie hiatale. Je suis opérée de cette hernie pour la première fois en 1975, mais les douleurs persistent pendant de longues années. Les traitements bloquant l'acidité ne les soulagent pas complètement et elles me perturbent quotidiennement. Un jour, lors d'un bilan de routine, l'endoscopie révèle que je souffre d'une œsophagite. On m'adresse à un autre chirurgien qui propose en 1991 de me réopérer. J'accepte. Cette fois, l'opération consistera en un montage plus performant : un cravatage complet de la partie basse de l'œsophage. Malheureusement, à l'issue de cette seconde intervention, toujours pas d'amélioration. Le chirurgien me demande de tenir encore six mois pour être réopérée une troisième fois. Il me fait espérer qu'à l'issue de cette nouvelle intervention encore plus efficace, je n'aurai plus de reflux. Alors, je compte les jours car j'ai hâte d'être opérée au plus vite, tant je souffre (la pH-métrie confirme d'ailleurs que le reflux est intense). Le jour de la troisième intervention arrive. Mais tout ne se passe pas comme je l'avais espéré car l'intervention est difficile : c'est une diversion duodénale. On me garde quatorze heures au bloc opératoire ; je dois recevoir une perfusion de sept flacons de sang. À mon réveil, on me fait comprendre que je reviens de loin. Le personnel me dit que si je m'en suis sortie, c'est parce que je suis vraiment volontaire. Personne ne m'avait prévenue que c'était une grosse intervention et que j'avais pris le risque d'y rester ! Vous avez hâte de connaître le résultat de l'opération ? Eh bien, il est totalement décevant ! Le reflux est à peine diminué, mon poids, lui, chute à une vitesse vertigineuse et je souffre d'une diarrhée importante accompagnée de nausées et de vomissements ! Tous ces symptômes m'empoisonnent la vie : je ne peux plus rien manger car je vomis tout. J'ai peur de sortir à cause de la diarrhée, je commence à avoir des douleurs articulaires. Cela dure ainsi des années avec, en plus, de grosses douleurs abdominales. En 1998, on m'opère d'un gros fibrome de l'utérus, douloureux, avec remontée de la vessie.

Le bout du tunnel

Tandis que tous mes symptômes persistent et ne s'améliorent pas, que les traitements médicaux restent inefficaces, on me dit que tout est dans la tête.

En 2004, je suis opérée de la thyroïde pour un goitre qui commence à devenir important. Souffrant toujours de reflux, on m'envoie consulter un autre chirurgien. Celui-ci ne se précipite pas pour m'opérer ; il me demande de passer une endoscopie (qui permet de retrouver la hernie hiatale) et une manométrie. C'est lors de ce dernier examen que je rencontre le Dr Cotinat ; la manométrie effectuée montre que la motricité de l'œsophage est normale et que seul le sphincter inférieur est faible. Le docteur me dit : « Il n'y a aucune contre-indication à vous réopérer ; mais vu votre histoire, ne voulez-vous pas que l'on commence par un petit régime ? » Personne jusque-là ne m'avait parlé alimentation ! J'accepte tout de suite la proposition du docteur ; on instaure la nouvelle diète le jour même, associée à un probiotique. Vu la gravité de la situation, le régime est d'emblée sévère, mais ma situation ne me laisse pas d'autre choix que d'accepter. Plus de laitages, plus de gluten, c'est dur ! Cependant, le résultat ne se fait pas attendre. Quand je revois le docteur un mois après, je n'ai plus de reflux, plus de diarrhées, plus de vomissements ! Comment se fait-il qu'on ne m'ait pas proposé ce régime plus tôt ? Je consulte à nouveau le chirurgien qui est étonné du résultat et ravi de ne pas avoir à me réopérer. Mais à la longue, le régime me pèse, je me sens privée, j'ai trop envie de manger du pain, du fromage… En plus, j'en ai un peu ras-le-bol de faire des repas différents pour mon mari et pour moi. C'est vrai qu'en étant moins strict sur le régime, les résultats se dégradent un peu mais, malgré tout, cela reste beaucoup plus supportable et plus vivable qu'avant. Mais si je vois que cela s'aggrave, je sais maintenant quoi faire et je reprendrai le régime.

Commentaire

Laure a vécu une histoire douloureuse et je la remercie de son touchant témoignage. Cette histoire de multiples interventions ne se reproduirait sans doute pas actuellement. En effet, les études montrent qu'il faut être prudent avant d'opérer un reflueur résistant au traitement médical ; c'est dans ces cas-là que les résultats sont les moins bons. Les multiples interventions ont alourdi la pathologie de Laure, et, du coup, le changement alimentaire à effectuer a été plus sévère.

Laure est une personne adorable mais très anxieuse, et elle a pu constater l'effet étonnant de l'alimentation sur ses symptômes invalidants. Notez bien que l'existence de la hernie hiatale n'a pas empêché le bénéfice de l'alimentation. Un traitement intestinal par probiotique associé à du magnésium et à de la glutamine pourrait l'aider à diminuer progressivement ses intolérances alimentaires. Si Laure rencontre des difficultés pour changer d'alimentation, c'est d'abord parce qu'il n'est pas facile de bousculer ses habitudes de vie. Ensuite, il faut vivre cette modification non comme un régime – une restriction, une privation – mais comme une nouvelle façon de se nourrir sur le long terme. La seule solution pour y arriver, c'est d'y trouver du plaisir. Si l'on ne fait que retirer ou diminuer certains aliments sans apporter une compensation, cela peut effectivement être difficile à vivre. Il faut donc découvrir d'autres aliments (le millet, l'amarante, les algues, les graines germées…), enrichir son panel de plats, jouer sur les présentations, les couleurs, les arômes…, cuisiner de nouvelles recettes. Pour certaines personnes, c'est facile et, pour d'autres, cela peut prendre beaucoup plus de temps. Si un jour Laure réussit à trouver du plaisir dans son changement alimentaire, elle aura gagné complètement la partie et son mari sera tenté de participer à ce changement. Puisse ce livre que je lui offrirai l'aider dans cette démarche que je l'encourage à poursuivre !

ALAIN, 47 ANS

Mauvais repas, mauvais horaires

Depuis une décennie, je souffrais de brûlures, d'aigreurs, parfois même de véritables remontées gastriques jusque dans la bouche, très douloureuses à m'en faire trembler les tympans. Tout cela arrivait de manière récurrente dans ma vie quotidienne, après les apéritifs, après une bonne bière chez les amis et même après les repas. Le tout était accompagné d'une digestion lente et parfois même douloureuse. Bref, cela devenait inconfortable pour mon organisme de vivre tous les jours avec ces maux d'estomac ! Travaillant en horaires postés, de jour comme de nuit, il était très difficile de trouver un équilibre alimentaire adapté au décalage horaire de mes repas. Le matin, je mangeais une demi-baguette trempée dans du café sucré. Le midi, rien. Et le soir, c'était le festin avec mon plateau pantagruélique devant la télé : une « plâtrée » de pâtes, un demi-fromage (et non une demi-part), beaucoup de pain, un peu de tomates et beaucoup de vin. J'allais me coucher avec le ventre gros et mes aigreurs ; j'avais du mal à trouver le sommeil mais, pour moi, j'avais profité d'un bon gueuleton. Et même si je voulais manger moins le soir, je ne pouvais pas, j'avais trop faim ! J'étais conscient de la brioche qui enrobait mon ventre, et j'avais bien essayé de faire un petit régime en retirant les sucres, le grignotage devant la télé… mais ce n'était pas équilibré. En plus, je manquais de calories ! Je voyais des papillons, j'étais fatigué…

Vive les conférences !

En 2008, sur les conseils d'une amie, j'assiste aux diverses conférences de nutrition animées par le Dr Cotinat ; et là, je prends conscience de mes erreurs. Je commence alors à modifier mes habitudes alimentaires, mes loisirs ! Quelle surprise de constater la quasi-disparition de mes maux ! Je privilégie les végétaux, je me mets à consommer du pain à la farine de petit épeautre et, de temps à autre, du fromage de brebis, je bois moins d'alcool, je prends le temps de mastiquer et de savourer en arrêtant d'enfourner mes bouchées à toute vitesse. Mon petit déjeuner est devenu copieux et varié, mon dîner s'est allégé, les tomates ne me donnent plus d'aigreurs, je ne me jette plus sur la nourriture comme avant, je prends de l'huile dans les assaisonnements, je dors bien, j'ai augmenté mes activités sportives et mes loisirs… J'ai bien compris que les aigreurs – devenues rares – survenaient maintenant uniquement dans les périodes de stress. Voilà encore un autre mal à combattre ! Mon stress se déclenche avant d'aller au travail, quelquefois pendant, jamais en vacances. Le docteur m'a conseillé du magnésium qui m'a fait beaucoup de bien ! Mais quand je l'arrête, le moindre écart alimentaire déclenche à nouveau les aigreurs. Il faut maintenant que je trouve ma méthode pour combattre et vaincre mon stress. Je sais qu'en parvenant à mieux me maîtriser dans mon environnement professionnel, j'y parviendrai. Je sens bien que ma forme est montante. Je n'ai plus ma brioche sur le ventre. Et quand mes amis me demandent le secret de ma forme, je réponds : « Je vais écouter des conférences ! »

Commentaire

L'histoire d'Alain est intéressante. Elle montre l'importance du respect de la chrononutrition des repas et de choisir un petit-déjeuner copieux et un dîner léger avant le coucher. Le fait de manger le matin des aliments non consistants et sucrés, de sauter le repas du midi entraînait Alain dans une fringale telle qu'en rentrant il ne pouvait plus se raisonner. Son alimentation était très déséquilibrée, avec beaucoup de pain, de pâtes, de fromages et peu de fruits, de légumes et d'huile. Mais si j'ai demandé à Alain de vous raconter son histoire, c'est que la relation stress et reflux était devenue parfaitement nette après la correction alimentaire. Avant, tout se mélangeait, et cette relation n'était pas évidente. Rappelez-vous ! Le stress écarte les jonctions serrées entre les cellules de la muqueuse œsophagienne et va ainsi permettre à l'acide de s'y faufiler. Alain est aujourd'hui sur la bonne voie. C'est lui qui a décidé de bousculer ses habitudes ; ses changements, qui lui procurent forme et plaisir, seront durables car il ne se prive pas. Il va trouver comment maîtriser son stress, peut-être par le yoga, le taï chi ou le qi gong…

PHILIPPE, 45 ANS

L'histoire de mon reflux est très ancienne, avec des remontées acides brûlantes le long de l'œsophage qui gênaient ma vie de tous les jours et qui, malheureusement, ne disparaissaient pas avec les médicaments bloquant l'acidité. Parfois, des vomissements me prenaient lorsque je me baissais. Dès le matin, je me levais avec un goût acide dans la bouche. Parfois même, c'était des blocages d'aliments fort désagréables.

Quand la chirurgie est impossible

L'endoscopie montrait une grosse hernie hiatale avec ulcérations dans l'œsophage. Comme les douleurs ne cédaient pas au traitement et que ma vie devenait difficile, on me proposa une chirurgie antireflux. On me demanda donc de réaliser une manométrie afin de vérifier s'il n'y avait pas de contre-indication à l'intervention. Et là, surprise, la manométrie était très perturbée : mon œsophage ne fonctionnait plus normalement, les contractions normales avaient disparu. Je n'étais donc pas un très bon candidat à la chirurgie car je risquais des complications. Le Dr Cotinat m'a alors proposé un nouveau régime alimentaire, au début sévère ; mais je n'avais pas le choix, j'étais trop ennuyé. J'ai donc arrêté le blé et les laitages en favorisant les autres aliments. Incroyable ! En trois jours, j'ai vu une franche amélioration. En deux semaines, le reflux était terminé. J'ai pu arrêter le traitement médicamenteux. J'étais épaté du résultat. Trois mois plus tard, la manométrie de contrôle montrait une amélioration de moitié des contractions de l'œsophage. Je n'avais plus envie de me faire opérer. J'ai même constaté une amélioration de ma maladie rénale (maladie de Berger) qui a surpris mon urologue. Lorsque j'ai réintroduit un peu de pain et fromage pour me faire plaisir, j'ai constaté que c'était moins bien. J'ai également noté que les reflux réapparaissaient avec les laitages, la pâtisserie, les viennoiseries (mon péché mignon…) mais aussi avec le stress de la vie. C'est vrai que je suis gourmand, je vis seul avec mes enfants et c'est moi qui travaille et fais la cuisine. Il n'est pas évident pour moi de modifier mes habitudes. Le docteur m'encourage à privilégier le petit épeautre, à moins consommer de fromage et à augmenter encore ma consommation de légumes. Actuellement, mon fiston se plaint de reflux. Cela va bien sûr me motiver pour modifier non seulement mon alimentation, mais aussi celle de ma petite famille.

Commentaire

L'histoire de Philippe est touchante car elle met bien le doigt sur la difficulté de balayer ses habitudes alimentaires. Et tant que la modification apportée ne procure pas une totale satisfaction, la sensation de privation pousse tout individu à la tentation. Il est absolument nécessaire de se faire plaisir, de trouver un nouvel équilibre afin de réussir un changement durable. Il est très probable que lorsque Philippe intégrera les céréales ancestrales, son alimentation deviendra beaucoup plus agréable et diversifiée. De plus, Philippe n'a pas une vie simple puisqu'il vit seul avec deux enfants. Pas facile pour lui de trouver le temps de s'échapper et de se détendre ; quand l'activité professionnelle est terminée, le travail à la maison l'attend car c'est un vrai papa poule. La gestion de son stress lui sera également d'une grande utilité pour protéger son œsophage. J'ai été très surprise de voir la régression importante des troubles de la motricité œsophagienne grâce à la nutrition : avant le changement diététique, les contractions de l'œsophage étaient simultanées dans 100 % des cas, ce qui signifie qu'elles n'étaient pas capables de pousser correctement le bol alimentaire ni de balayer le reflux. Trois mois plus tard, 40 % des contractions devenaient efficaces. Ces faits n'ont jamais été décrits dans la littérature et méritent qu'on s'y intéresse. La survenue d'un reflux chez son fils va pousser Philippe à revoir l'alimentation de toute la famille ; il faudra trouver cette fois un équilibre alimentaire qui satisfasse tout le monde. Mais Philippe est très volontaire et il va trouver le bon chemin.

Les années ont passé et Philippe va très bien sans traitement. Il a trouvé un nouvel équilibre alimentaire. Cependant, son système digestif reste son point faible et, dès qu'il est stressé, il perçoit un reflux. Philippe, toujours très volontaire, s'est orienté vers le yoga pour mieux maîtriser son stress.

CINQUIÈME PARTIE

LA DIÉTÉTIQUE ANTI-REFLUX EN PRATIQUE

EN BREF, LES 7 CONSEILS À RETENIR

CONSEIL N° 1
AMÉLIORER SES DÉFENSES ANTIOXYDANTES

Le reflux gastrique s'accompagne d'une inflammation chronique. Or qui dit inflammation dit production de radicaux libres. Ces molécules réactives sont responsables des lésions de l'œsophage et donc des complications du reflux. L'organisme possède des défenses antioxydantes qui permettent de lutter contre ces attaques. Mais il arrive que ces dernières soient débordées par un afflux massif de radicaux libres. C'est le cas lorsqu'on souffre de reflux. On parle alors de stress oxydant. Comment dans ce cas renforcer ses défenses antioxydantes ? En faisant la part belle aux légumes, fruits et épices.

Plus de légumes

Les crucifères (radis, brocoli, chou, chou-fleur, choux de Bruxelles, navets, rutabaga), les artichauts, les carottes, les patates douces et les betteraves font partie des légumes les plus riches en antioxydants. Vous retrouverez en fin d'ouvrage un tableau donnant les indices ORAC des aliments couramment consommés (plus l'indice est important, plus l'aliment contient des antioxydants). Et n'oubliez pas de varier ! Non seulement pour le goût, mais aussi pour élargir votre enrichissement en vitamines et minéraux.

De temps en temps, consommez ces légumes crus pour mieux mastiquer et bénéficier d'un taux optimal de vitamines. Pour ceux qui seront cuits, préférez des cuissons à la vapeur douce ou à l'étouffée.

Personnellement, je conseille à mes patients de manger des crudités et des légumes cuits à chaque repas. Pour avoir un repère : ces végétaux doivent occuper le plus grans volume du repas, soit environ les trois-quarts de l'assiette.

Plus de fruits

Les myrtilles, les mûres, les fraises bio, les framboises, les cerises, les prunes, les agrumes, le raisin, le kiwi, les noix de Grenoble, les noix de pécan, les noix du Brésil et les pommes font partie des fruits les plus riches en antioxydants.

L'idéal, pour préserver les teneurs, est de consommer ces fruits crus. Comme ils ne demandent aucune préparation, ils sont plus faciles à intégrer dans l'alimentation que les légumes. Il suffit d'avoir une corbeille toujours pleine chez soi. Mangez trois ou quatre fruits par jour, à la fin du repas (si le repas n'était pas trop volumineux) ou mieux, en encas entre les repas pour éviter d'augmenter la pression dans l'estomac et diminuer les ballonnements.

Les autres aliments riches en antioxydants

- Les épices et les aromates : gingembre, curcuma, ail, oignon, cannelle, poudre d'écorce d'agrumes, clous de girofle, cumin, origan, thym...
- Les fruits de mer : huitres, moules, crevettes
- Les algues, entières ou en paillettes à saupoudrer dans les soupes, les salades, les légumes...
- Le thé
- Les graines germées, véritable trésor de l'alimentation, que l'on peut préparer facilement dans un coin de sa cuisine

CONSEIL N° 2
RENFORCER SON CAPITAL ANTI-INFLAMMATOIRE

Le reflux, lorsqu'il persiste, s'accompagne d'une inflammation chronique de la paroi de l'œsophage. Cette inflammation est aggravée par une production trop importante de radicaux libres (lire page 74). Cependant lutter contre les radicaux libres en mangeant des aliments riches en antioxydants n'est pas la seule manière de réduire l'inflammation. Apprendre à bien choisir ses graisses et consommer davantage d'épices et de fibres contribue également au pouvoir anti-inflammatoire de l'alimentation.

Équilibrer ses apports en graisses

Idéalement, pour être en bonne santé, le rapport oméga-6/oméga-3 devrait se situer autour de 4/1. En France, comme dans la plupart des pays industriels, ce rapport varie entre 10/1 et 20/1 car l'alimentation moderne est très riche en oméga-6. Conséquence : ce déséquilibre favorise l'inflammation chronique. Inversement, une alimentation riche en oméga-3 va favoriser la libération de molécules anti-inflammatoires.

- **Évitez :** les oméga-6 (pro-inflammatoires) trouvés dans les huiles et les margarines de tournesol, de maïs, de pépins de raisin, mais aussi dans les œufs de poule nourries aux céréales (la plupart du temps, il s'agit de maïs), certaines viandes et le foie de certains animaux (notamment le porc) conduisent l'organisme à fabriquer des substances qui favorisent l'inflammation.
- **Favorisez :** les oméga-3 (anti-inflammatoires) trouvés dans les huiles de colza, les noix, les graines de lin, mais surtout dans les poissons gras (saumon, sardines, maquereaux). Autres effets bénéfiques des oméga-3 : ils diminuent la sensation de faim, favorisant ainsi la régulation du poids, et influencent positivement l'humeur (action anti-dépressive) : ces deux effets permettent aussi d'améliorer le reflux.

Bien choisir les graisses pour cuisiner et assaisonner

Évitez l'huile de tournesol, de maïs, de pépins de raisin, toutes très riches en oméga-6. Idem pour les margarines au tournesol et, si vous faites des fritures, la Végétaline. Oubliez aussi les vinaigrettes du commerce et les huiles d'arachide trop riches en acides gras saturés.

L'huile de noix apporte certes des oméga-3 mais trop d'oméga-6.

Évitez si possible les huiles raffinées qui subissent une extraction à chaud qui peut endommager les acides gras. Ces huiles sont certes débarrassées des pesticides, mais malheureusement aussi de leurs pigments, de leurs parfums et de leurs multiples antioxydants protecteurs.

• **Pour assaisonner :** utilisez l'huile de colza bio, au subtil gout de noisette, associée ou non à de l'huile d'olive. Dans le commerce, certains mélanges d'huiles sont bien équilibrés en oméga-3. Je conseille à mes patients de consommer chaque jour une cuillerée à soupe d'huile d'olive biologique et deux cuillerées à soupe d'huile de colza biologique. Les huiles riches en oméga-3 sont fragiles : elles devront être conservées au réfrigérateur.

• **Pour faire cuire :** utilisez de préférence l'huile d'olive qui résiste bien à la chaleur, contrairement à l'huile de colza.

Augmenter les apports en oméga-3

Mangez du poisson gras (maquereau, sardine, saumon, thon…) 2 à 3 fois par semaine. Préférez les poulets bio élevés en plein air ainsi que les œufs bio ou ceux de poules nourries aux graines de lin vendus sous le label filière Bleu-blanc-cœur et dont la teneur en oméga-3 est certifiée.

Côté végétaux, pensez au pourpier, à la mâche, aux épinards, aux noix de Grenoble (4 à 5 par jour), aux graines de lin broyées à parsemer sur les salades.

Si vous n'aimez pas le poisson ou que votre alimentation ne contient pas assez d'oméga-3, il existe des gélules d'oméga-3. Dans ce cas, préférez les gélules à base de mélanges de deux types d'oméga-3 dits « à longue chaîne » appelés EPA et DHA. Ils sont du même type que ceux apportés par le poisson ou les produits animaux, et ce sont ceux qui sont le plus assimilables par l'organisme. La dose préconisée est généralement de 1 gramme de DHA+EPA par jour. Les oméga-3 s'oxydent facilement. Pour les protéger de l'oxydation, apportez beaucoup d'antioxydants alimentaires (conseil n° 1). L'huile de colza, comme toutes celles riches en oméga-3, et les gélules d'oméga-3 doivent ainsi se conserver de préférence au réfrigérateur.

Penser aux épices anti-inflammatoires

Les deux épices championnes contre l'inflammation sont le curcuma et le gingembre qui appartiennent tous deux à la famille des zingibéracées. Ces épices possèdent aussi un pouvoir antioxydant très élevé. Méfiez-vous, en revanche, des épices qui emportent la bouche comme le piment.

Pour mieux absorber le curcuma, il faut l'associer au poivre et à une petite quantité de graisse. Vous pouvez utiliser cette épice dans beaucoup de préparations culinaires car sa saveur s'atténue à la cuisson et ne dénature donc pas le goût des plats. Vous pouvez utiliser le curcuma en marinade (viandes, poissons, légumes), dans tous les plats à base de curry, dans le riz cuisiné en pilaf et les légumes revenus dans une sauteuse, dans la vinaigrette, dans les potages et sauces.

De même, le gingembre peut s'utiliser de mille manières : frais (râpé ou haché) dans les plats à base de viande, de poisson ou de légumes, en marinade (frais ou en poudre), il s'accorde très bien aux fruits et aux citrons, en tisane, en poudre ou confit dans les pâtisseries, il se marie parfaitement au chocolat noir.

Exploiter le potentiel anti-inflammatoire des fibres

Les études montrent que les personnes dont les apports en fibres sont les plus importants présentent des taux de protéine C-réactive, un marqueur de l'inflammation, beaucoup plus bas que ceux qui en consomment peu. Veillez donc à manger régulièrement des aliments riches en fibres tels que les oléagineux (amandes, noisettes, noix…), les fruits secs (dattes, pruneaux, figues…), les légumineuses mais surtout beaucoup de légumes et de fruits (pour plus de détails, lire page 141).

CONSEIL N° 3
FAVORISER UNE BONNE SALIVATION

Aidé par la salive, l'œsophage joue un rôle fondamental dans le « balayage » du reflux acide. La salive est douée d'un effet alcalinisant qui compense l'acidité. Elle se mêle intimement à la couette de mucus qui protège l'œsophage. La salive apporte en outre un facteur de croissance pour les cellules du tube digestif, participant ainsi à renforcer aussi la barrière intestinale altérée dans de très nombreuses maladies (digestives, dermatologiques, rhumatologiques, cardiovasculaires…).

Bien s'hydrater

Pour être bien hydraté, il faut boire. Attention, pas n'importe quoi. Pas du soda, pas du café, pas de l'alcool, mais de l'eau. Plate, c'est l'idéal !

Vous pouvez essayer de boire 2 grands verres d'eau 20 minutes environ avant chaque repas. Buvez aussi un peu en mangeant car les enzymes digestives ont besoin d'eau pour bien fonctionner. En revanche, évitez de boire juste après le repas sous peine de ralentir la vidange de l'estomac et d'augmenter le reflux.

Quelle eau boire ? Difficile de se baser sur les rares études scientifiques pour répondre à la question. À table, buvez plutôt des eaux minérales plates, moyennement riches en magnésium et en calcium type Vittel. En dehors des repas, plutôt des eaux plus pures, pauvres en minéraux, type Evian, Mont Roucous, ou une eau osmosée débarrassée de tout polluant (mais aussi des minéraux).

Attention aux eaux gazeuses, certes bicarbonatées, qui peuvent augmenter la distension de l'estomac. Un verre d'eau peut soulager un reflux plus rapidement qu'un médicament même si son effet est plus bref. En cas de reflux occasionnel, n'hésitez donc pas à boire 1 à 2 verres d'eau.

Éviter les boissons sucrées

Les boissons sucrées favorisent la prise de poids. Elles stimulent non seulement la production d'insuline, responsable d'une hypoglycémie secondaire qui pousse à remanger du sucre, mais elles favorisent aussi la croissance des cellules adipeuses (celles des bourrelets !) et des cellules cancéreuses. Elles doivent être oubliées de votre quotidien.

Bien mastiquer

Mastiquer, c'est très important pour augmenter la production de salive alcalinisante qui contient des enzymes démarrant la digestion des aliments. La mastication donne aussi le temps à la satiété de s'installer. Elle joue de ce fait un rôle clé dans la gestion du poids. Or, la vie stressante nous incite, pour en faire toujours plus, à avaler nos repas le plus rapidement possible : la fourchette est déjà pleine dès la bouchée enfournée. Le problème vient aussi du fait qu'on ne peut mastiquer que ce qui est dur. Or, l'alimentation actuelle est trop mollassonne. Bref, on est loin des conseils de Gandhi qui disait : « Bois ton aliment. »

- Pour bien mastiquer :
- Prendre conscience de son importance
- Vérifier l'état dentaire
- Ne pas arriver affamé aux repas
- Poser les couverts entre les bouchées,

- Prendre des petites bouchées, et augmenter le nombre de mastication
- Choisir des aliments masticables comme les crudités
- Se servir de baguettes

Attention aux chewing-gums qui permettent certes d'augmenter la sécrétion salivaire et de tamponner le reflux mais qui contiennent souvent des additifs, des colorants, du sorbitol, de l'aspartame, etc. qui peuvent perturber le système digestif.

Manger dans de bonnes conditions

- Évitez autant que possible de manger devant la télé.
- Favorisez les repas en famille.
- Ne mangez pas à même le plat et prenez le temps de savourer.
- Enfin, soignez la présentation de vos plats : herbes aromatiques, crudités colorées, filet d'huile, graines peuvent rendre un plat appétissant et vous mettre l'eau à la bouche.

CONSEIL N° 4
RENFORCER LA BARRIÈRE ANTI-REFLUX

La barrière anti-reflux, constituée essentiellement d'une partie du diaphragme et d'un sphincter, peut devenir défaillante. De nombreux nutriments ou aliments ou situations peuvent altérer le fonctionnement du sphincter : le lactose, l'hyperpression abdominale, le sel, les boissons gazeuses, l'alcool, le chocolat, etc.

Se méfier du lait et des produits laitiers

Le problème peut venir du lactose qu'ils contiennent mais également du fait que, souvent, ces produits sont consommés au détriment des autres aliments, notamment des fruits et des légumes. L'éviction du lait est particulièrement bénéfique pour de nombreuses personnes. En effet, lorsque l'on souffre de troubles intestinaux chroniques, on a plus de risques de souffrir aussi de reflux. Cependant, chaque reflueur, même s'il est tolérant, peut gagner en confort de vie en diminuant sa consommation de produits laitiers, d'autant qu'il existe également des intolérances aux protéines de lait.

Si l'on se nourrit comme le recommandent les spécialistes avec une alimentation « alcalinisante » comprenant plus de fruits et légumes riches en calcium, moins de sel et moins de protéines animales, on a besoin de deux fois moins de calcium que ce qui est officiellement conseillé. Or, ceci est facilement fourni par une alimentation riche en légumes, en poissons… et sans laitage ou avec peu de laitages.

Vérifier que l'on ne présente pas une intolérance au lactose

Comment le savoir ? C'est simple : il suffit d'exclure le lactose de son alimentation et d'observez le résultat. Si vous avez des ballonnements, des diarrhées, des douleurs d'estomac dont vous ne connaissiez pas l'origine, tous ces symptômes disparaîtront en quelques jours. On trouve le lactose dans les produits laitiers : lait, crèmes, glaces, certains yaourts et en quantité très modeste dans les fromages...

Favorisez le fromage de brebis ou de chèvre, mieux tolérés. Pour les inconditionnels du lait, vous pouvez goûter les boissons au riz, à la noisette, à l'amande, à la châtaigne, au quinoa… qui sont souvent très appréciées.

Attention, on trouve aussi du lactose dans de multiples produits industriels : pain, gâteaux, confiseries, frites, chips, charcuterie, sodas, bière, substituts de repas… et certains médicaments.

Favoriser les autres sources de calcium

Il s'agit des légumes (cresson, persil et choux), des fruits, des céréales complètes, des légumes secs, des fruits secs (amandes, noisettes, figues sèches…), des sardines surtout lorsqu'elles sont consommées avec les arêtes, des eaux minérales riches en calcium. Par ailleurs exposez-vous environ une demi-heure par jour au soleil (quand il est là !) pour favoriser la synthèse de la vitamine D, qui augmente l'absorption du calcium. Attention, votre peau ne doit pas rougir.

Améliorer ses apports en fibres alimentaires

Pour éviter la constipation et diminuer les gaz dans le côlon, capables à distance de relâcher le sphincter de l'œsophage, les fibres sont des atouts de poids. Ce sont les constituants des aliments qui n'ont pas été ni digérés ni absorbés dans l'intestin grêle. Elles arrivent au niveau du gros intestin (côlon) où elles vont être dégradées par les bactéries en produits nourrissant les cellules de l'intestin et les protégeant du cancer. Elles sont également l'aliment santé de la flore intestinale. Faiblement caloriques, elles stimulent les hormones de la satiété et participent à la lutte contre l'obésité qui favorise, en autres, le reflux. Malheureusement, la consommation de fibres est passée de 50 g par jour au paléolithique à 31 g en 1900 et à 16 g aujourd'hui. Les chercheurs recommandent actuellement d'en ingérer 25 à 30 g.

Quelques aliments particulièrement riches en fibres :

• **Les légumineuses :** lentilles, pois chiches, haricots secs, pois cassés, fèves…

• **Les fruits et les légumes :** l'idéal est de manger 5 à 12 portions de fruits, légumes et légumineuses ; préférez les fruits à leurs jus. Consommez la peau des fruits biologiques, riches en fibres et antioxydants.

• **Le pain complet et les céréales complètes :** elles contiennent 75 % de vitamines et de minéraux supplémentaires par rapport aux céréales raffinées. Préférez-les bio, car la présence des enveloppes peut accentuer les teneurs en pesticides.

Sachez qu'à énergie équivalente, les fruits frais apportent deux fois plus de fibres que les céréales complètes, et les légumes, presque huit fois plus.

Les **oléagineux** ne sont pas à oublier non plus. Leur richesse en fibres, en vitamines, en minéraux, en protéines et en acides gras insaturés en fait des aliments de choix malheureusement souvent oubliés. On peut manger une poignée de noix, noisettes, amandes par jour… à condition de les choisir non grillées et non salées.

Attention ! Si vous n'avez pas l'habitude de manger beaucoup de fibres, augmentez progressivement les doses de ces aliments afin de laisser le temps à votre système digestif de s'y habituer.

Éviter de manger trop salé

L'excès de sel, c'est bien connu, favorise l'hypertension et les maladies cardiovasculaires. Il diminue aussi la pression du sphincter de l'œsophage et augmente donc le risque de reflux. Les besoins physiologiques en sel sont équivalents à 2 g par jour. En France, un homme consomme en moyenne 10 g de sel par jour contre 7,3 g pour une femme. Les gros consommateurs en ingèrent facilement 12 g, voire plus. On a tout à gagner à diminuer sa consommation de sel. Faut-il simplement arrêter de saler ses plats ? C'est un bon début mais cela reste insuffisant. Le sel de cuisine et de table ne représente que 15 % du sel consommé et 10 % de ce dernier proviennent du sel naturellement contenu dans les aliments. Alors, où se cache la majorité du sel ? Dans les aliments industriels : pains, biscottes, viennoiseries, plats cuisinés, soupes industrielles, conserves, charcuterie, fromage, moutarde, cornichons, olives, bouillon cube, biscuits apéritifs, céréales du petit déjeuner. C'est donc en diminuant la consommation d'aliments industriels que l'on réduit le plus facilement sa consommation de sel.

Pour se déshabituer et désapprendre à aimer le sel, parfumez les plats avec des herbes, des aromates, des épices… En consommant beaucoup de fruits et de légumes, on a plus de facilité à se déshabituer.

Changer quelques mauvaises habitudes

• Les repas trop gras et copieux.
• Les repas trop volumineux (attention aux soupes du soir et à la consommation de trop grandes quantités d'eau au repas).
• Le chocolat.
• Les boissons gazeuses.
• L'alcool et surtout le vin blanc, la bière et le whisky (attention, l'alcool favorise la perméabilité de l'intestin ouvrant la porte à de nombreuses maladies). Préférez un vin rouge de qualité riche en antioxydants et limitez sa consommation à 1 verre par jour chez la femme et 2 chez l'homme.
• Les vêtements trop ajustés, les gaines, les corsets, les ceintures... qui peuvent comprimer l'abdomen. Ne serrez pas trop afin de diminuer la pression sur l'estomac !
• Certains médicaments comme les anticholinergiques, les dérivés nitrés, les inhibiteurs calciques. Discutez-en avec votre médecin traitant.
• Le tabac. N'oubliez pas que l'alimentation et les compléments alimentaires peuvent vous aider à arrêter de fumer. Ceux-ci contribuent en effet à diminuer le stress et à retrouver la sérénité.

CONSEIL N° 5
LUTTER CONTRE L'ACIDE

Nous avons vu que l'alimentation, si elle était suffisamment riche en antioxydants et en substances anti-inflammatoires, pouvait aider les cellules de l'œsophage à se défendre contre les conséquences des attaques acides. L'alimentation peut aider ces cellules d'une troisième manière : en leur apportant suffisamment de substances « alcalinisantes ». Comment ? En faisant la part belle aux végétaux qui apportent beaucoup d'éléments alcalinisants (ou basifiants) comme le calcium, le magnésium et le potassium.

Alcaliniser son alimentation

L'alimentation moderne a un inconvénient majeur : elle acidifie l'organisme. Or, pour fonctionner correctement et neutraliser l'acide qui les envahit, les cellules doivent apporter des substances alcalinisantes appelées « tampons » qu'elles récupèrent dans le sang, comme le bicarbonate. On peut améliorer le réservoir de substances tampon :

- En augmentant la part des fruits et des légumes. Pour cela il faut manger des crudités et des légumes cuits à chaque repas, ces végétaux devant occuper environ les trois-quarts de l'assiette.
- En mangeant moins de protéines animales : inutile de manger de la viande ou du poisson plus d'une fois par jour (et même moins si vous pouvez). Vous pouvez éventuellement sur l'autre repas principal associer une légumineuse (lentilles, pois chiches, haricots rouges) à une céréale complète ou semi-complète (riz, semoule de blé, maïs).
- En mangeant moins de sel : on l'a vu, il se cache dans les aliments industriels qui sont donc à limiter.
- En mangeant moins de céréales et en les choisissant complètes et semi-complètes.
- En consommant une eau minérale riche en bicarbonates : les eaux les plus riches en bicarbonates sont souvent des eaux gazeuses comme Quézac, malheureusement peu recommandées en cas de reflux, je conseille donc Evian, Thonon, Valvert ou Volvic.
- En prenant un complément alcalinisant : il existe en pharmacie des compléments alimentaires riches en bicarbonate de potassium ou de calcium. Demandez conseil à votre pharmacien.

Les agrumes sont de bonnes sources de minéraux alcalinisants. Le problème, c'est qu'ils sont acides au goût et qu'ils peuvent donc « réveiller » un reflux. Aussi, évitez-les en début de traitement. Le vinaigre et les cornichons sont, quant à eux, acidifiants pour l'œsophage mais aussi pour le sang. Évitez d'en consommer. Pour les vinaigrettes, n'hésitez pas à remplacer le vinaigre par du citron, beaucoup mieux supporté par les reflueurs et riche en antioxydants.

CONSEIL N° 6

LUTTER CONTRE LE STRESS

Le stress est un facteur de risque majeur du reflux gastro-œsophagien car il affecte tout les organes de la digestion. Par ailleurs, il favorise le diabète, la prise de poids, les maladies cardiovasculaires, les infections, la dépression.

Bref, pour tous, point de salut sans une bonne gestion du stress. Mais qu'est-ce que l'alimentation peut apporter aux stressés, me direz-vous ? Eh bien, certains nutriments qui peuvent aider l'organisme à se protéger de ce fléau et compléter les bénéfices apportés par les techniques de relaxation.

Augmenter ses apports en magnésium, l'antistress par excellence

De très nombreux travaux montrent que ce minéral est un calmant, et que le manque de magnésium augmente de manière spectaculaire la vulnérabilité au stress. Tout stress provoque une fuite urinaire de magnésium, ce qui peut entraîner la personne stressée dans un cercle vicieux d'où elle ressort épuisée.

Le magnésium réduit le stress en empêchant la montée du cortisol (l'hormone sécrétée par l'organisme sous l'effet du stress). Il intervient aussi dans le métabolisme des messagers chimiques du cerveau (sérotonine notamment) utiles dans la gestion du stress et de l'humeur.

25 % des femmes et 20 % des hommes souffrent de carences en magnésium (apports inférieurs à 2/3 des apports nutritionnels conseillés). En tout, 75 % des Français ne consomment pas les apports conseillés en ce minéral.

Les meilleures sources de magnésium sont : le pain complet, le riz complet, les lentilles, les épinards, les bananes, les pruneaux, les amandes, certaines eaux minérales... Évitez le café qui augmente la fuite du magnésium par les urines.

Augmenter ses apports en vitamine B6 qui « fixe » le magnésium

Outre ses effets sur le magnésium, cette vitamine est utilisée par le cerveau pour fabriquer deux substances (GABA et sérotonine) dont dépendent la relaxation, le sentiment de bien-être et le sommeil. La vitamine B6 est également nécessaire à la production de taurine (lire plus loin), Le déficit en vitamine B6 touche souvent des personnes stressées, anxieuses, irritables. La pilule contraceptive, l'alcool et le sport intensif entraînent également des pertes importantes de cette vitamine.

Les meilleures sources de vitamine B6 sont : le thon, le saumon, le poulpe, le foie de bœuf, d'agneau et de veau, les pois chiches, le jus de carotte, les bananes, les graines de sésame et de tournesol, les noisettes et les pruneaux.

Augmenter ses apports en taurine pour être moins réactif au stress

La taurine (constituant élémentaire des protéines) améliore la fixation du magnésium par les cellules et réduit la sécrétion d'adrénaline. Un apport supplémentaire est particulièrement important en situation de stress où les besoins sont augmentés. En effet, au cours du stress, l'élévation du taux d'adrénaline et le déficit en magnésium entraînent une sortie de taurine des cellules et une augmentation des pertes urinaires. La taurine est présente dans les poissons et les huîtres, mais également dans la viande.

Augmenter ses apports en tryptophane pour être plus serein

La sérotonine est l'hormone du bien-être, de la sérénité. En cas de stress, la fabrication de sérotonine diminue. Conséquence : le stress augmente encore plus. Pour enrayer ce cercle vicieux, il est nécessaire de favoriser l'apport de tryptophane au niveau du cerveau car cet acide aminé est essentiel à la production de sérotonine.

Les carences en sérotonine sont plus fréquentes en fin d'après-midi et en soirée : un goûter avec une poignée d'amandes, de noix… accompagnant des fruits ou une petite portion de céréales complètes peut permettre de reconstituer ses stocks de tryptophane. Au dîner, évitez les acides aminés qui vont diminuer l'arrivée de tryptophane au cerveau : ils se trouvent dans la viande, la volaille et le soja essentiellement.

Se mettre à des activités de gestion du stress

Elles sont nombreuses et complémentaires des mesures alimentaires : yoga, relaxation, sophrologie, taï-chi, qi gong… À vous de choisir celle qui vous convient.

Ces activités procurent beaucoup de bien-être. La pratique de la méditation donne aussi d'excellents résultats en permettant la maîtrise du corps par l'esprit.

Les personnes qui font du sport ont notamment tendance à sécréter moins d'adrénaline que les sédentaires. D'où l'importance de choisir un sport qui plaît, en privilégiant les sports d'endurance tels que la natation, la course à pied, la marche, la gymnastique ou encore le vélo.

Pour des conseils antistress généraux, lire page 165.

CONSEIL N° 7
GARDER LA LIGNE

Le surpoids est un facteur important de reflux. La graisse – notamment abdominale – peut en effet comprimer l'estomac et favoriser le reflux… En plus, les personnes obèses ont plus de risques que les autres d'être atteintes de maladies cardiovasculaires, de diabète, de cancer notamment celui de l'œsophage. D'où l'importance de se débarrasser de ses kilos en trop. Trois conseils simples : changez vos mauvaises habitudes alimentaires, mangez moins (en calories mais pas forcément en quantité), dépensez-vous physiquement davantage.

• Gardez des apports en légumes variés et abondants. Les légumes doivent constituer la base de votre alimentation en étant présents à chaque repas (en occupant les ¾ de l'assiette). Ils ont en effet un faible pouvoir calorique contrastant avec une grande richesse en vitamines et minéraux.
• Ne mangez que lorsque vous avez faim.
• Évitez de grignoter entre les repas.
• Régulez votre appétit, en privilégiant les aliments qui n'augmentent pas trop le sucre sanguin (index glycémique bas) et favorisent la satiété : légumes, fruits, légumineuses (lentilles, pois chiches…), céréales complètes (flocons d'avoine, pain complet ou multicéréales, pâtes *al dente,* riz complet), oléagineux (amandes, noix, noisettes…).
• Évitez les aliments à IG élevé qui favorisent les fringales et la prise de poids : aliments à base de farine blanche (pâte, pain blanc, pâtisseries, biscuits, gaufres, viennoiseries), frites, chips, purée de pommes de terre instantanée, pommes de terre, céréales du petit déjeuner (corn-flakes, riz soufflé et autres, y compris les Special K), riz blanc, sucreries… Vous trouverez en fin d'ouvrage un tableau d'aliments et leurs IG (page 300).
• Prenez des fruits au dessert ou en collation plutôt que des biscuits et des viennoiseries.
• Favorisez les graisses contenant des oméga-3 qui calment la faim et interviennent dans la régulation du poids.
• Limitez les graisses saturées (viandes rouges, charcuterie, fromages…).
• Ne consommez pas plus de deux laitages par jour.
• Consommez une fois par jour des protéines de bonne qualité (poisson gras, coquillages, crustacés, œufs riches en oméga-3, lentilles, soja, etc.).
• Buvez 1,5 l d'eau par jour minimum, de préférence entre les repas (du thé vert, des tisanes…).
• Mastiquez le plus longtemps possible mais évitez le chewing-gum, même sans sucre.

- Ne sautez pas de repas. Prenez un petit déjeuner très copieux, gras et protéiné, et allégez le repas du soir (beaucoup de légumes, poisson).
- Oubliez les plats préparés industriels ainsi que les jus de fruits du commerce riches en fructose.
- Apprenez à gérer votre stress en favorisant vos apports en magnésium.
- Évitez de passer trop de temps devant la télé ou l'ordinateur.
- Dormez bien.
- Enfin, maintenez une activité physique régulière.

Les recettes

Duo avocats-poires

Préparation : 5 min
Cuisson : 0 min

Pour 4 personnes
- 4 petits avocats ou 2 gros
- 4 petites poires (ou 2 grosses) bien mûres
- ½ citron

RAPPORT ω6/ω3 ★☆☆☆☆
PROTECTION ANTIOX ■■■■□□

Cal	Prot	Glu	Lip
278	3 g	32 g	18,5 g

Couper les avocats et les poires en fines lamelles. Dans un plat, alterner une tranche de poire et une d'avocat.
Arroser d'un filet de citron ce subtil mariage. À préparer au dernier moment.

Des bonnes graisses

L'avocat a la réputation d'être un légume gras qu'il convient d'éviter, notamment lorsque l'on cherche à perdre du poids. Sachez qu'il n'en est rien et que l'avocat est excellent pour la santé.
D'abord parce que les graisses qu'il contient sont de type « monoinsaturées » (comme l'huile d'olive) donc bénéfiques, ensuite parce qu'il est riche en fibres et en antioxydants.

Salade coquine au chou vert cru

Préparation : 5 min
Cuisson : 0 min

RAPPORT ω6/ω3 ★★★★☆
PROTECTION ANTIOX ■■■■□□

Cal	Prot	Glu	Lip
162,5	3,5 g	19 g	9,5 g

Pour 4 personnes

- ½ chou vert
- 3 carottes
- 1 poivron rouge
- Des radis noirs ou roses
- 1 civette ou oignon frais
- Quelques graines de tournesol de préférence germées
- 3 c. à s. d'huile de noix ou de colza
- ½ citron pressé
- 1 gousse d'ail râpée
- 1 c. à c. de purée de noisette ou noix de cajou

Couper le chou vert en fines lanières. Râper les carottes grossièrement.

Couper le poivron et les radis en rondelles.

Émincer l'oignon. Au fond d'un saladier, émulsionner l'huile, le citron, l'ail et la purée de noisettes.

Ajouter les légumes et les graines.

Souvent salade varie

Cette salade peut changer de composition selon les saisons et ce qui se trouve dans votre panier de provision. Elle doit comporter des légumes de couleurs variées, de trois sortes différentes, des aromates (ail, échalote, oignon, ciboulette…), des graines germées ou des oléagineux ou encore des algues. Non seulement, elle est riche sur le plan nutritionnel mais en plus elle est jolie comme un tableau de maître.

Méli-mélo de crudités

Préparation : 5 min
Cuisson : 0 min

RAPPORT ω6/ω3 ★★★★★
PROTECTION ANTIOX ■■■■■■

Cal	Prot	Glu	Lip
145	3,5 g	21 g	7 g

Pour 4 personnes

- 4 tomates
- 1 botte de radis
- 1 petit concombre
- 4 petites carottes
- 1 fenouil
- 2 branches de céleri
- Quelques feuilles de salade
- 1 c. à s. d'huile d'olive bio
- 1 c. à s. d'huile de colza bio
- 1 citron
- 1 gousse d'ail
- Quelques brins de persil
- 1 c. à c. de purée d'amandes blanches

Disposer sur un grand plat tous les légumes : les tomates rincées entières ou coupées (en 2 ou en 4), les radis nettoyés, les carottes épluchées ou grattées, le concombre épluché et coupé en gros morceaux, et le fenouil épluché coupé en 4.

Faire la sauce à part en émulsionnant les deux huiles, le citron pressé, la gousse d'ail haché, le persil haché et la purée d'amande.

Salade express

Cette salade est idéale lorsqu'on manque de temps. Elle permet un grand choix de crudités à faire varier selon les saisons. Chacun prend la responsabilité de les croquer tout simplement ou de les découper dans son assiette. Pensez toujours à disposer les morceaux harmonieusement pour que le plat soit joli. Selon les circonstances, accompagnez soit des petites sauces variées faites maison, soit tout simplement la bouteille d'huile sur la table.

Salade de roquette à la grenade

Préparation : 10 min
Cuisson : 0 min

RAPPORT ω6/ω3 ★★★★☆
PROTECTION ANTIOX ■■■■□□

Cal	Prot	Glu	Lip
155	2 g	13 g	12 g

Pour 2 personnes

- 4 poignées de roquette
- ½ grenade
- 2 c. à s. d'huile de colza bio
- 1 citron
- ½ c. à c. de purée de noisette
- Un peu de gingembre frais râpé

Laver rapidement la roquette, l'égoutter, la disposer dans un saladier.

Égrener une moitié de grenade avec une pointe de couteau. Disposer les grains sur la salade.

Faire la sauce avec l'huile, le citron pressé, la purée de noisette et le gingembre râpé.

Arroser la salade de sauce.

La salade verte surprise

Pour toute salade verte, demandez-vous : comment vais-je l'enrichir ? Il s'agit de jouer à la fois sur la présentation et sur les éléments nutritifs. Pour cela, jouez avec un peu de légumes râpés grossièrement (carottes, céleri rave…), les rondelles colorées (poivrons, tomates, etc.) mais aussi les aromates (ail, épices…) et les oléagineux (pignons, noix de cajou, graines…).Le résultat sera toujours plus appétissant et plus complet qu'une simple salade verte.

Carottes râpées en coquille de poivron

Préparation : 10 min
Cuisson : 0 min

Pour 4 personnes
- 4 carottes
- 2 poivrons rouges
- Des graines germées de poireau
- 1 c. à s. d'huile d'olive
- 1 c. à s. d'huile de colza bio
- 1 citron
- ½ gousse d'ail
- 1 pincée de curcuma
- 1 pointe de poivre

RAPPORT ω6/ω3 ★☆☆☆☆
PROTECTION ANTIOX ■■■■■■

Cal	Prot	Glu	Lip
81	1 g	8,5 g	5,5 g

Couper les poivrons en 2 pour former des barquettes, retirer les graines. Râper les carottes.
Faire la sauce en émulsionnant les deux huiles, le jus de citron, l'ail haché finement, le curcuma et le poivre.
Remplir les barquettes de carottes râpées déjà arrosés de sauce. Rajouter des graines germées de poireau (ou autre).
Servir le poivron garni sur un lit de salade (laitue, mâche, pissenlit, roquette).

Dîner minute

Servi avec une soupe épaisse et des courgettes à la vapeur, cette entrée forme un dîner sain et rapide à préparer.

Poivrons marinés à la provençale

Préparation : 5 min
Cuisson : 30 min

Pour 4 personnes
- 3 poivrons rouges
- Basilic
- ½ gousse d'ail
- 3 c. à s. d'huile d'olive

RAPPORT ω6/ω3 ★★★★★
PROTECTION ANTIOX ■■■■■■

Cal	Prot	Glu	Lip
85	10,85 g	4 g	8 g

Faire cuire les 3 poivrons entiers et rincés pendant une demi-heure à la vapeur.
Éteindre et laisser refroidir à couvert. Retirer les peaux et les graines. Couper le poivron dans le sens de la longueur en lamelles. Les disposer dans un plat.
Arroser d'huile d'olive déjà mélangée à l'ail. Parsemer de basilic et réserver au frais.

Astuce

Soignez particulièrement les entrées qui donnent le ton du repas et permettent d'éviter de se jeter sur certains aliments moins recommandés. Prévoyez surtout des aliments qui se mastiquent pour favoriser la salivation et permettre d'atteindre la satiété plus facilement. C'est une clé essentielle pour faciliter toute modification alimentaire d'autant que ces aliments masticables sont le plus souvent gorgés de vitamines et minéraux.

Pastèque à l'orientale

Préparation : 15 min
Cuisson : 0 min

Pour 4 personnes

- 1 petite pastèque
- 2 oignons doux
- 12 petites boules de melon
- 1 bouquet de coriandre frais (ou 1 bouquet de basilic)
- Ras el hanout (épice à couscous)
- 1 pincée de poivre
- 1 c. à s. de mélasse de grenade ou de vinaigre balsamique
- 1 c. à s. d'huile d'olive
- 2 c. à s. d'huile de colza

RAPPORT ω6/ω3 ★★☆☆☆
PROTECTION ANTIOX ■■■■□□

Cal	Prot	Glu	Lip
244	4 g	44,5 g	8,5 g

Couper la pastèque en petits morceaux(en retirant les pépins) et les mettre dans un grand saladier avec les petites billes de melon.

Rajouter les oignons coupés en très fines lamelles, le ras el hanout (selon votre goût) et le poivre.

Ajouter la mélasse de grenade puis l'huile d'olive. Bien mélanger. Rajouter la coriandre, lavée et hachée finement. Préserver quelques feuilles entières pour décorer. Mélanger l'ensemble.

Mettre au réfrigérateur. Avant de servir, mélanger à nouveau puis ajouter les feuilles de coriandre fraîches.

Pour en mettre plein la vue

Pour un effet esthétique maximum, présenter cette salade dans une pastèque évidée (à l'aide d'une cuillère à glace). Cette salade de melon et pastèque peut se réaliser sans sauce ajoutée, les invités pouvant se servir grâce à des petits piques.

Salade râpée moitié-moitié au chou rouge*

Préparation : 10 min
Cuisson : 0 min

Pour 2 personnes

- ¼ de petit potimarron
- 2 carottes
- 6 c. à s. de graines de chou rouge germées
- 1 c. à c. de sauce de soja (tamari)
- 3 c. à c. d'huile d'olive
- 3 c. à c. d'huile de colza
- 1 c. à c. de gomasio

RAPPORT ω6/ω3 ★★★★☆
PROTECTION ANTIOX ■■■■□□

Cal	Prot	Glu	Lip
210	2 g	13,5 g	17,5 g

Verser la sauce de soja et incorporer l'huile d'olive une cuillerée après l'autre, ajouter le gomasio et bien remuer pour que la sauce soit liée.

Brosser les jeunes carottes. Si sa peau est un peu dure, couper le potimarron en tranches pour l'éplucher plus facilement. Le râper ainsi que les carottes avec une grille fine.

Mélanger avec la sauce et parsemer de fines pousses de chou rouge.

**Une recette de Valérie Cupillard*

Une recette d'hiver

Le potimarron appartient à la grande famille des courges. C'est le seul représentant de cette famille dont la peau est suffisamment fine pour être gardée et consommée sans problème, même crue. Si le potimarron n'est pas bio ou si sa peau est un peu épaisse, n'hésitez toutefois pas à l'éplucher.

Salade de carottes à l'orange*

Préparation : 10 min
Cuisson : 0 min

Pour 4 personnes

- 1 belle botte de carottes
- 3 oranges
- 1 petit bouquet de persil plat ou de ciboulette
- 1 petit oignon rouge
- 1 c. à s. d'huile d'olive
- 1 c. à s. d'huile de colza bio
- 1 c. à s. de mélasse de grenade ou de vinaigre balsamique
- 2 c. à s. de jus d'orange pressée
- Sel, poivre

RAPPORT ω6/ω3 ★☆☆☆☆
PROTECTION ANTIOX ■■□□□□

Cal	Prot	Glu	Lip
147,5	2 g	25,5 g	5,5 g

Laver et éplucher (ou brosser si biologiques) les carottes puis les détailler en petites tranches. Les faire cuire à la vapeur jusqu'à ce qu'elles soient tendres mais encore croquantes.

Éplucher à vif les oranges, prélever les quartiers sans peau et les tailler en 3 ou 4 morceaux, qui ne doivent pas être trop gros par rapport aux carottes. Dans un saladier, faire la vinaigrette en commençant par le sel, le poivre, puis le vinaigre ou la mélasse ; ajouter le jus d'orange puis émulsionner le tout avec l'huile.

Ajouter le persil. Dans le saladier, mettre les carottes encore chaudes avec les oranges coupées. Mélanger bien le tout et servir tiède ou frais, selon l'envie ou la saison.

**Une recette de Charlotte de Bouteiller*

Tapenalgue au zeste de citron

Préparation : 10 min
Cuisson : 0 min

Pour 4 personnes

- 4 c. à s. de panaché d'algues séchées en paillettes
- 1 c. à s. de pâte d'olives noires
- 1 c. à s. d'huile d'olive
- 1 c. à s. d'huile de colza
- Zeste de citron
- Sel, thym, poivre

RAPPORT ω6/ω3 ★☆☆☆☆
PROTECTION ANTIOX ■■■■□□

Cal	Prot	Glu	Lip
76	0,5 g	3,5 g	7 g

Réhydrater les algues en paillettes dans un petit bol d'eau, les égoutter et les essorer en les pressant avec les doigts. Les mélanger avec l'huile et les laisser s'imbiber quelques instants.

Ajouter la pâte d'olives noires, saler, émietter 3 pincées de thym, poivrer.

Râper l'équivalent d'une pincée de zeste de citron. Incorporer le zeste dans la tapenalgue. Bien mélanger et placer au frais jusqu'au moment de servir.

**Une recette de Valérie Cupillard, auteur de* Cuisiner bio, mode d'emploi, *Ed La Plage.*

À saupoudrer partout

Les algues en paillettes se trouvent dans les magasins diététiques et bio. Elles s'accommodent de nombreuses manières en cuisine. Elles peuvent remplacer les herbes dans des recettes de la mer. Parsemées sur les salades, elles apportent une touche iodée et colorée à vos entrées. Et elles se glissent facilement dans les pâtes à crêpe ou à pain. N'hésitez pas testez les !

Carnaval de poivrons

Préparation : 5 min
Cuisson : 0 min

RAPPORT ω6/ω3 ★★★★☆
PROTECTION ANTIOX ■■■■■■

Pour 4 personnes

- 1 poivron rouge
- 1 poivron jaune
- 1 poivron vert
- 2 c. à s. d'huile de colza
- 1 pincée de gingembre râpé
- 1 citron
- 1 c. à c. de purée de noix de cajou
- ½ gousse d'ail haché
- Quelques brins de coriandre
- 1 pincée de curcuma
- Des graines germées

Cal	Prot	Glu	Lip
82	1 g	6,5 g	6,5 g

Laver les poivrons. Les découper en fines rondelles. Les disposer dans un joli plat.
Faire la sauce avec l'huile, de gingembre, le citron pressé, l'ail, la coriandre hachée, le curcuma.
Arroser les poivrons de sauce. Les laisser un moment au frais. Au moment de servir, parsemer de graines germées.

Mettez de la couleur dans votre assiette

Il existe plusieurs variétés de poivrons qui diffèrent par leurs formes, leurs tailles, leurs saveurs et, surtout, leurs couleurs. Les poivrons changent de couleur durant le mûrissement : le poivron vert est cueilli avant maturité. S'il est laissé sur le plant, il deviendra jaune, puis orange et enfin rouge. Le poivron est une bonne source de vitamines A et C. Plus il est mûr et plus il contient d'antioxydants

Quiche subtile aux oignons

Préparation : 20 min
Cuisson : 35 min

RAPPORT ω6/ω3 ★★★★★
PROTECTION ANTIOX ■■■■■■

Cal	Prot	Glu	Lip
509	14,5 g	27 g	39 g

Pour 4 personnes

Pâte :

- 250 g farine de pois chiches
- 90 g d'huile d'olive
- 30 g d'eau
- 2 pincées de sel

Garniture :

- 3 œufs
- 4 oignons
- 1 blanc de poireau en lamelle
- 80 g de crème soja cuisine
- 70 g de lardons (facultatif)
- Curcuma, quatre-épices

Mélanger ensemble tous les ingrédients de la pâte pour obtenir une sorte de semoule à gros grains. Huiler un plat. Y verser la semoule.

Confectionner la pâte en l'écrasant avec la main ou avec le dos d'une grosse cuillère. Si la pâte colle, saupoudrer un peu de farine pour faciliter son étalement.

Faire précuire la pâte à four doux pendant 10 min. Pendant ce temps, râper grossièrement les oignons. Faire cuire les oignons et le poireau à feux doux dans un peu d'huile d'olive.

Battre les œufs dans un saladier. Y rajouter les oignons cuits, les épices, les petits morceaux de lardons et la crème soja. Les verser sur la pâte.

Arroser d'un fin filet d'huile d'olive. Faire cuire à four doux environ 20 min.

Saumon fondant minute

Préparation : 5 min
Cuisson : 6 min

Pour 4 personnes
- 4 tranches de saumon
- 1 filet d'huile d'olive
- Sel, aneth ou herbes à poissons

RAPPORT ω6/ω3 ★★★★☆
PROTECTION ANTIOX ■■□□□□

Cal	Prot	Glu	Lip
238	31,5 g	0 g	11,5 g

Mettre un peu d'eau dans une poêle. Y disposer le saumon. Faire cuire 3 min à feu moyen. Retourner le saumon ; faire cuire encore 3 min.
Éteindre le feu, couvrir. Quelques minutes plus tard, retirer le couvercle : il n'y a plus d'eau. Disposer dans un plat.
Arroser d'un filet d'huile, saler, aromatiser et couvrir à nouveau pour garder au chaud et laisser diffuser les parfums.
Ne pas hésiter à remplacer les herbes par de très fines lamelles de blanc de poireau cru. Le goût en est très fin.

Attention fragile !

Les oméga-3 contenus dans le saumon sont sensibles à la chaleur : ils seront d'autant mieux préservés que le poisson sera moins cuit. Évitez donc les fritures pour les poissons gras d'autant que le poisson cuit dans un peu d'eau ou la vapeur offre une saveur incomparable (à condition de ne pas le faire trop cuire).

Tartare de saint-jacques

Préparation : 15 min
Cuisson : 0 min

Pour 4 personnes

- 400 g de saumon en petits morceaux
- 100 g de noix de St-Jacques en lamelles
- 1 mangue coupée en petites lamelles
- 1 c. à c. de gingembre râpé
- 1 citron et demi
- 2 c. à s. d'huile d'olive
- Sel, poivre

RAPPORT ω6/ω3 ★★★★☆
PROTECTION ANTIOX ■■■■□□

Cal	Prot	Glu	Lip
304	30 g	9 g	16 g

Découper tous les ingrédients et les ranger au frais. Au dernier moment, faire macérer ¼ d'heure le saumon coupé en tout petits morceaux et les lamelles de noix de St-Jacques avec le citron, l'huile, et le gingembre.

Rajouter du sel et du poivre. Dans un moule constitué d'un petit anneau large en inox, disposer les petits morceaux de poisson au centre et les lamelles de St-Jacques et de mangue en périphérie.

Bien tasser avant de démouler dans l'assiette pour que la terrine se tienne. Recommencer pour les 3 autres assiettes.

Décorer avec des feuilles de salade autour de la terrine et, sur le dessus, ½ tomate cerise, une olive, du persil.

Comment assortir cette recette

Vous pouvez accompagner ce plat, par exemple, avec des épinards aux épices (voir recette page 261) ou une salade multicolore.

Poulet des îles

Préparation : 10 min + 1 h
Cuisson : 15 min

RAPPORT ω6/ω3 ★★★★★
PROTECTION ANTIOX ■■■■■■

Cal	Prot	Glu	Lip
348	42 g	10 g	19,5 g

Pour 4 personnes

- 1 petit poulet ou 4 morceaux
- 4 tranches d'ananas
- 2 citrons verts
- 2 gousses d'ail
- Coriandre, curcuma, cumin et 5 parfums, ½ c. à c. de chaque
- 3 c. à s. de crème coco
- ½ poivron rouge coupé en lanières

Faire macérer 1 h le poulet coupé en petits morceaux avec le citron vert pressé, la coriandre, le curcuma et le cumin. Puis faire revenir 2 min dans un peu d'huile d'olive, l'ail, le poivron et l'épice 5 parfums. **Rajouter** l'ananas : cuire 5 mn à feu doux couvert puis découvrir pour que le jus s'évapore. Rajouter alors les morceaux de poulets égouttés. Cuire 2 mn à feu découvert. **Rajouter** la crème coco. Cuire 3 min à feu doux. Rajouter sel et poivre. Laisser couvert. **Conseil :** il est préférable de ne pas avoir à réchauffer le plat sous peine de trop cuire les lamelles de poulet qui doivent rester tendres. La recette peut être mise en attente après la cuisson de l'ananas.

Pour accompagner

Préparer du riz et une purée de carottes et potimarron aux quatre-épices agrémentée d'1 c. à c. d'huile de colza et d'1 c. à c. de crème de noix de coco et saupoudrée de noix de coco râpée.

Poisson vapeur aux épices

Préparation : 30 min
Cuisson : 5 min

Pour 4 personnes

- 4 filets de poisson
- 1 gousse d'ail
- Gingembre frais, coriandre, curcuma frais
- 1 morceau de blanc de poireau cru
- 1 citron vert
- Huile d'olive
- Tamari (sauce soja)

RAPPORT ω6/ω3 ★★★☆☆
PROTECTION ANTIOX ■■■■■■

Cal	Prot	Glu	Lip
175	30 g	2,5 g	4 g

Faire macérer ½ h les morceaux de poisson avec le jus de citron, des morceaux d'écorce de citron et les épices. Les disposer seuls dans un plat pouvant se loger dans le cuit-vapeur préalablement mis en route.

Faire cuire 5 min. Les disposer dans un plat. Les arroser d'un filet d'huile d'olive préalablement mélangé à quelques gouttes de tamari.

Rajouter des lamelles très fines du blanc de poireau cru.

méga-6/oméga-3

L'accompagnement idéal

Cette recette peut se servir avec un bol de quinoa et une grosse salade.
Conseil : faire cuire 1 volume de quinoa pour 1,5 volume d'eau pendant 15 min avec du curcuma, du poivre, ½ carotte râpée gros et ½ échalote coupée en petits morceaux. Éteindre et couvrir 5 min.

Couscous végétarien

Préparation : 20 min
Cuisson : 30 min

Pour 4 personnes

- ½ bol de pois chiches germés
- 1 bol de couscous épeautre quinoa
- 2 bols d'eau
- ¼ de bouillon de légumes en cube
- 3 courgettes
- 2 carottes
- 1 navet
- 3 échalotes
- 3 gousses d'ail
- Ras el hanout
- Coriandre
- 1 c. à c. de curry
- 3 c. à s. d'huile d'olive

RAPPORT ω6/ω3 ★★★★★
PROTECTION ANTIOX ■■■■■■

Cal	Prot	Glu	Lip
432	15 g	72,5 g	10 g

Faire tremper les pois chiches une nuit dans de l'eau. Les rincer et les égoutter dans une passoire posée dans un récipient.
Arroser matin et soir pendant 3 jours. Penser à vider l'eau du récipient. Dès que le petit germe sort de 1 à 2 mm, faire cuire doucement les pois chiches à la vapeur 5 à 10 min. Les disposer dans un plat et les arroser de curry et d'1 c. à s. d'huile d'olive et couvrir.
Faire bouillir l'eau avec le bouillon-cube ou dans un bouillon maison composé de sel aux algues, épices, badiane... Jeter la graine dans le bouillon et la mélanger grossièrement et rapidement.
Couvrir et laisser reposer au moins 5 min. Rajouter 1 c. à s. d'huile d'olive et remuer. Faire revenir doucement les échalotes dans 1 c. à s. d'huile d'olive, rajouter l'ail écrasé, les épices et les légumes coupés en petits morceaux et faire cuire à feu doux.
Servir le tout ensemble.

Sauté de crevettes aux herbes

Préparation : 5 min
Cuisson : 4 min

Pour 4 personnes

- 16 grosses crevettes
- 1 c. à s. d'huile d'olive
- 1 gousse d'ail râpée
- 1 c. à c. de curry
- Quelques brins de persil hachés

RAPPORT ω6/ω3 ★★★★☆
PROTECTION ANTIOX ■■■■■■■

Cal	Prot	Glu	Lip
96	15,5 g	0 g	3,5 g

Faire revenir l'ensemble des ingrédients pendant 4 min ou plus si les crevettes sont congelées.

Rajouter éventuellement en fin de cuisson 1 c. à s. de crème soja ou de coco.

Couvrir et attendre quelques minutes.

Servir avec une doucette de brocolis (lire page 260).

Petite mais costaude

Comme la plupart des fruits de mer, la crevette est excellente sur le plan nutritionnel. Elle est riche en vitamines et minéraux, notamment en vitamines B, phosphore et sélénium, en plus d'être une excellente source de protéines de qualité. Côté graisses, la crevette en contient peu mais elles sont de qualité : des oméga-3 essentiellement.

Doucette de brocolis

Préparation : 5 min
Cuisson : 15 min

RAPPORT ω6/ω3 ★★☆☆☆
PROTECTION ANTIOX ■■■■□□

Pour 2 personnes

- 1 tête de brocoli
- 1 grosse patate douce
- 1 gousse d'ail
- 1 c. à s. d'huile d'olive
- 1 c. à s. d'huile de colza
- 2 c. à s. de crème d'avoine
- ½ c. à c. de cumin en poudre
- ½ c. à c. de curcuma

Cal	Prot	Glu	Lip
200	3,5 g	18 g	9 g

Faire cuire les légumes en morceaux dans un fond d'eau.
Passer les légumes au presse-purée ou les écraser grossièrement avec la fourchette
Rajouter les huiles, la crème d'avoine, le cumin et le curcuma. Servir.

Pour aller plus vite

Il est possible d'accélérer le temps de cuisson des aliments sans modifier la température de cuisson en jouant sur la taille des aliments. On peut ainsi confectionner un plat de légumes en quelques minutes ! Il existe toute une panoplie de tailles et de présentation en fonction de nos envies : des petits morceaux obtenus avec un robot, des légumes râpés gros, des lamelles de légumes découpées à l'aide d'un économe…

Épinards aux épices

Préparation : 10 min
Cuisson : 15 min

Pour 4 personnes
- 500 g d'épinards
- 1 grosse carotte
- 1 patate douce
- 1 gousse d'ail râpée
- 1 c. à s. d'huile d'olive
- Curcuma
- Cumin
- Coriandre

RAPPORT ω6/ω3 ★★★★★
PROTECTION ANTIOX ■■■■■■

Cal	Prot	Glu	Lip
88	4,5 g	13 g	3 g

Laver les épinards et couper les queues en petits morceaux. Les faire cuire à l'étouffée à petit feu sans rajouter d'eau pendant environ 5 min. Pendant ce temps, râper gros la carotte et la patate.

Faire revenir à tout petit feu ces légumes râpés avec l'huile d'olive, l'ail, du cumin, du curcuma et un peu de coriandre.

Mélanger les épinards aux autres légumes et les faire revenir rapidement à couvert pendant quelques minutes, toujours à feu doux, pour le mélange des parfums.

Disposer dans un plat. Décorer de lanières de carottes confectionnées avec l'épluche-légumes.

Le four programmable : une aide précieuse

Ce type de four permet de trouver en rentrant à la maison des aubergines cuites (entières, disposées dans une terrine le matin, avant de partir), un plat de pommes de terres (cuites telles quelles dans la terrine) que vous aromatiserez au dernier moment d'huile à la coriandre ou au piment d'Espelette.

Soupe cachotière

Préparation : 10 min
Cuisson : 15 min

RAPPORT ω6/ω3 ★★★★☆
PROTECTION ANTIOX ■■■■■■

Pour 4 personnes

- 1 gros poireau
- 3 courgettes
- 3 carottes
- 1 poivron rouge
- 1 morceau de potimarron
- 1 échalote
- 2 gousses d'ail
- Herbes, sel
- 1 c. à c. d'huile de colza

Cal	Prot	Glu	Lip
105	3 g	22 g	2 g

Faire cuire dans une cocotte normale pendant 10 à 15 min les légumes coupés en morceaux dans de l'eau. Les légumes qui cuisent plus vite seront coupés en plus gros morceaux.

Mixer la soupe. Rajouter des herbes crues (persil, basilic, hysope…) et mixer une dernière fois.

Au moment de servir, rajouter une petite cuillerée à café d'huile de colza et salez un peu. Vous pouvez décorer les bols avec quelques graines de courge grillées.

Pour rendre la soupe plus folle

La soupe cachotière tient son nom du fait qu'elle comporte toujours plusieurs types de légumes qui varient selon les saisons. Le jeu pour petits et grands consiste à deviner tous les ingrédients cachés. Sachez par ailleurs que la pomme de terre n'est pas obligatoire pour épaissir une soupe : courgettes, courges ou lentilles corail font très bien l'affaire.

Ratatouille aux parfums de provence

Préparation : 20 min
Cuisson : 2 h

RAPPORT ω6/ω3 ★★★★★
PROTECTION ANTIOX ■■■■■■

Cal	Prot	Glu	Lip
132	4 g	26 g	3,5 g

Pour 4 personnes

- 2 petites aubergines
- 2 grosses tomates
- 5 courgettes
- 1 poivron rouge
- 2 oignons
- 4 gousses d'ail
- Un peu de gingembre et de coriandre (facultatif)
- Beaucoup d'herbes de Provence
- 1 filet d'huile d'olive

Mettre de l'eau dans un plat en terre et son couvercle pendant une demi-heure pour le laisser s'imbiber. Sinon choisir une terrine.
Découper les légumes en rondelles ou en fines tranches. Les disposer en couches en commençant par les oignons et une partie des tomates, puis les poivrons et finir par exemple par les courgettes et le reste de tomates. Entre les couches, intercaler les herbes, l'ail.
Fermer le couvercle. Cuire à four modéré (environ th. 3) pendant 2 h. À la fin de la cuisson, rajouter un filet d'huile d'olive.
Parsemer de pétales de fleurs séchées. Ce plat peut être resservi froid le lendemain.

Le bon accompagnement

Le millet aux fleurs se marie très bien avec cette ratatouille. Pour le réaliser : faire revenir 1 verre de millet dans 1 c. à s. d'huile d'olive avec un peu de coriandre. Rajouter 2 verres de bouillon chaud (eau, fleurs de macis, gingembre râpé, sel aux algues). Laisser cuire à couvert 30 min à feu doux. Décorer avec des pétales de fleurs séchées.

Méli-mélo de légumes à la vapeur

Préparation : 15 min
Cuisson : 15 min

RAPPORT ω6/ω3 ★★★★☆
PROTECTION ANTIOX ■■■■□□

Pour 4 personnes

- 3 courgettes
- 2 aubergines
- 300 g d'haricots verts (haricots beurre éventuellement)

Sauce :

- 3 c. à s. d'huile de noix et colza
- 1 c. à c. de vinaigre balsamique ou de vinaigre de grenade
- 1 gousse d'ail râpée
- Gingembre râpé
- ½ c. à c. de purée de noisette ou de noix de cajou

Cal	Prot	Glu	Lip
175,5	4,5 g	21 g	10 g

Cuire chaque légume séparément à la vapeur en réalisant si possible une cuisson al dente.
Les disposer sur un grand plat et décorer avec des légumes crus râpés ou coupés, des tomates cerises, des graines germées.
Arroser de sauce.

Osez !

Si l'idée des légumes vinaigrette vous déprime, si des courgettes vapeur à l'huile de colza ne vous font vraiment pas palpiter, ne désespérez pas ! Les sauces à base de pois chiche (type houmous), d'aubergines cuites en papillote (caviar d'aubergine), de poivrons, d'olives noires (tapenades), etc. vous permettront de rendre plus séduisants de simples légumes vapeur. Agrémentez-les de citron, d'ail, d'oignon, d'aromates, d'épices… afin de rehausser leur goût. Bref, débridez votre imagination… et salivez !

Pois chiches à l'indienne*

Préparation : 5 min
Cuisson : 5 min

Pour 4 personnes
- 500 g de pois chiches cuits
- 1 gros poivron rouge
- Une pincée de chaque : curry, cumin en grains, gingembre en poudre, cardamome, paprika doux

RAPPORT ω6/ω3 ★★★★★
PROTECTION ANTIOX ■■■■■■

Cal	Prot	Glu	Lip
212	11,5 g	36 g	3,5 g

Égoutter les pois chiches. Bien laver le poivron rouge, le couper en huit morceaux et le mixer grossièrement.

Faire revenir tous les épices dans très peu d'huile d'olive et rajouter le poivron haché et les pois chiches.

Saler, laisser chauffer à petit feu quelques minutes. Servir tiède ou froid avec de la salade.

Pensez à faire tremper les pois chiches la veille pour les rendre plus digestes. Mieux encore, vous pouvez les faire germer (lire page 257).

**Une recette du cuisinier Massoun El-Hakim*

Idée d'accompagnement

Cette recette se marie merveilleusement avec du caviar de légumes (aubergines, courgettes, etc.). Vous retrouverez page 274 la recette du caviar de courgettes. Vous pouvez aussi ajouter à cette salade des poivrons verts et jaunes.

Terrine de lentilles corail

Préparation : 5 min
Cuisson : 20 min

RAPPORT ω6/ω3 ★★★★★
PROTECTION ANTIOX ■■■■■■

Cal	Prot	Glu	Lip
75	3,5 g	8,5 g	3 g

Pour 4 personnes

- 150 g (1 verre) de lentilles corail
- 2 verres d'eau
- 1 gousse d'ail
- ½ poivron en lamelle
- 1 c. à c. d'huile d'olive
- 4 c. à s. de crème de soja ou d'avoine
- Curcuma, gingembre, cumin, paprika
- Poivre, sel

Faire cuire dans l'eau et les épices les lentilles corail pendant 20 min. Éteindre et couvrir. Pendant ce temps, faire revenir à couvert et à petit feu le poivron dans un peu d'huile d'olive avec l'ail écrasé et un peu de cumin.

Le rajouter aux lentilles cuites. Rajouter la crème de soja ou d'avoine. Bien mélanger. Placer dans 4 petites terrines huilées. Saupoudrer de paprika. Réserver au frais.

Servir la terrine entourée d'une couronne de salade avec des pignons.

Un duo de choc !

L'association légumineuses-céréales apporte des protéines très équilibrées et moins onéreuses que celles des viandes ou du poisson. C'est pour cela d'ailleurs que de nombreux plats traditionnels réalisent ce type de mariage : par exemple les lentilles avec le riz (Dhal indien) ou la semoule avec les pois chiches (couscous). Utilisez des céréales complètes plutôt que des céréales raffinées qui ont perdu leurs vitamines et minéraux. Choisissez-les bio car les enveloppes des céréales sont des concentrés de pesticides.

La terrine express au saumon de Maë

Préparation : 10 min
Cuisson : 4 min

RAPPORT ω6/ω3 ★★★★★
PROTECTION ANTIOX ■■■■■■

Cal	Prot	Glu	Lip
257	28 g	2 g	14,5 g

Pour 4 personnes

- 4 tranches ou pavés de saumon
- 1 c. à s. d'huile olive
- 4 c. à s. de crème soja
- 1 échalote ou civette
- Herbes : persil, ciboulette ou aneth
- Paprika, baies rouges
- Feuilles de roquette ou salade pour la décoration

Préchauffer le grand cuit-vapeur. Mixer les herbes et l'échalote ou la civette. Rajouter le poisson en morceaux, après avoir vérifié l'absence d'arêtes.

Rajouter l'huile d'olive et la crème soja. Mixer une dernière fois. Partagez cette farce dans 4 ramequins finement huilés. Faire cuire 4 min à la vapeur.

Éteindre le feu et laisser le couvercle ouvert quelques minutes. Démouler (non obligatoire) sans se brûler !

Disposer chaque terrine dans une assiette. Décorer de paprika, de baies rouges ou autre ingrédient selon l'inspiration et la disponibilité.

Entourer d'une couronne de feuilles de roquette avec des petites tomates cerise ou quelques râpures grossières de carotte.

Risotto thaï

Préparation : 20 min
Cuisson : 20 min

RAPPORT ω6/ω3 ☆☆☆☆☆
PROTECTION ANTIOX ■■■■□□

Cal	Prot	Glu	Lip
374	16 g	66 g	8 g

Pour 4 personnes

- 2 cébettes (ou 2 petits oignons blancs)
- 1 verre (soit 200 g) de riz thaï ½ complet
- 75 g de champignons de Paris
- 1 gros blanc de poireau
- 2 gousses d'ail
- 3 c. à s. d'huile d'olive
- Sel, poivre
- 3 c. à c. d'épices à paëlla ou curry
- 1 c. à c. de coriandre en poudre
- 3 c. à s. de crème soja cuisine

Faire revenir quelques minutes dans un fait-tout, avec un peu d'huile, le blanc de poireau et les champignons émincés ainsi que le riz rincé et bien égoutté.

Ajouter 2 verres d'eau, le sel et le poivre. Laisser cuire 10 min à feu doux couvert puis ajouter les gousses d'ail hachées, les cébettes émincées, le curry et la coriandre.

Laisser mijoter encore 10 min en remuant de temps en temps. En fin de cuisson, rajouter 1 c. à s. d'huile d'olive et 3 c. à s. de crème soja cuisine. Remuer et laisser couvert quelques minutes hors du feu.

Servir chaud.

Variante

Ce plat peut être préparé avec de l'épeautre à la place du riz thaï. L'épeautre et le petit épeautre sont des ancêtres du blé qui pousse aujourd'hui dans nos champs. Le petit épeautre est notamment très riche en magnésium, en phosphore et en calcium et contient les huit acides aminés essentiels.

Pain de petit épeautre maison

Préparation : 10 min + 6 h
Cuisson : 50 min

RAPPORT ω6/ω3 ★★★★★
PROTECTION ANTIOX ■■■■■■

Pour 6 personnes

- 500 g de farine de petit épeautre
- ½ c. à c. de sel
- 1 c. à c. de sucre (facultatif)
- 1 c. à s. d'huile d'olive (facultatif)
- 2 c. à c. de levain d'épeautre (boutiques bio)
- 300 g (300 ml) d'eau

Cal	Prot	Glu	Lip
300	11,5 g	60,5 g	3 g

Mélanger les ingrédients. Mettre la boule dans un moule de la forme désirée. Vous pouvez rajouter sur le dessus du pain des graines de sésame ou de pavot.

Laisser lever une nuit (sinon 6 h). Puis cuire au four à th. 2 pendant 50 min. Sinon cuire à la vapeur.

Faire réchauffer l'eau du cuit-vapeur et quand la vapeur est intense, disposer le moule dans la partie supérieure du cuit-vapeur pour une durée de 50 min.

Laisser refroidir une dizaine de minutes. Démouler le pain et le placer sur une grille pour le faire sécher.

À bas les hautes températures

Les températures élevées du four engendrent des composés toxiques d'où l'utilisation dans cette recette d'une température basse. La cuisson à la vapeur est intéressante pour une moindre toxicité. De plus, le pain, plus moelleux, se garde mieux, à condition de ne pas l'enfermer (risque de moisissure). Penser à le préparer un peu à l'avance.

Chapatis au pavot

Préparation : 5 min
Cuisson : 15 min

Pour 4 personnes

- 250 g de farine de petit épeautre
- 150 g d'eau
- Sel (facultatif)

RAPPORT ω6/ω3 : pas assez de graisses
PROTECTION ANTIOX ■■□□□□

Cal	Prot	Glu	Lip
212	8,5 g	45,5 g	1 g

Mélanger rapidement les ingrédients avec une grosse cuillère. Former 4 petites boules, les écraser en forme de galettes.
Les faire cuire à feux très doux sur une poêle qui n'attache pas pendant au moins 10 à 15 min en prenant soin de les retourner. Il ne doit pas y avoir de traces de brûlé si le feu est suffisamment doux.
Servir tiède avec une purée de noisettes ou d'amandes voire même de la purée d'amandes et une purée de fruits.

Pain express

C'est une recette idéale pour les jours sans pain. Avec une fabrication très rapide, les chapatis sont agréables à déguster et donnent moins de ballonnement que le pain. En revanche, ils sont beaucoup moins savoureux plusieurs heures après et se conservent mal.

Caviar de courgettes*

Préparation : 10 min
Cuisson : 15 min

RAPPORT ω6/ω3 ★★☆☆☆
PROTECTION ANTIOX ■■■■■■■

Cal	Prot	Glu	Lip
88,5	3 g	7 g	6,5 g

Pour 4 personnes

- 5 courgettes bio de préférence (meilleur avec la peau)
- ½ tasse à café de tahin (crème de sésame)
- 1 c. à s. de vinaigre balsamique
- 1 gousse d'ail
- ½ c. à c. de cumin en poudre
- 1 pincée de quatre-épices
- 1 c. à s. d'huile de colza

Couper les courgettes en gros morceaux, chauffer un peu d'huile d'olive dans une sauteuse et ajouter les légumes sans remuer (pour que la 1ère couche de courgettes soit plus cuite).

Ajouter une pincée de quatre-épices et bien mélanger. Couvrir et laisser cuire à feu doux avec l'ail haché. Mouiller si nécessaire.

Laisser refroidir et mettre les légumes sans le jus de cuisson dans le mixer avec le tahin, le cumin en poudre, le paprika doux. Le plus : rajouter un peu de coriandre frais.

Mixer le tout avec l'huile. Servir froid.

**Une recette de Massoun El-Hakim*

Plus rapide, plus de nutriments

Gagnez du temps en évitant d'éplucher les légumes bio : courgettes, aubergines, pommes de terre… un simple brossage suffit. Vous gagnerez aussi au passage un surplus de vitamines et de minéraux !

Pain de campagne sans gluten*

Préparation : 10 min + 2 h
Cuisson : 50 min

RAPPORT ω6/ω3 : pas d'oméga-3
PROTECTION ANTIOX

Cal	Prot	Glu	Lip
186	3,5 g	31,5 g	5 g

Pour 1 pain

- 200 g de farine de riz complet
- 50 g de farine de sarrasin
- 50 g de flocons de millet
- 50 g de fécule (pomme de terre ou arrow-root)
- 8 g de sel
- 12 g de levain déshydraté fermentescible de sarrasin (2 c. à s. rases environ)
- 2 g de levure de boulangerie (½ c. à c. environ)
- 20 g d'huile d'olive
- 400 g d'eau tiède (max. 25°C)
- Graines de sésame

Bien mélanger les farines, les flocons, la fécule, le sel et le levain. Dissoudre la levure dans l'eau et ajouter l'huile.

Mélanger le tout délicatement à l'aide d'un fouet (la pâte doit avoir la consistance d'une pâte à gâteau). Huiler un moule, y répartir les graines de sésame.

Verser la pâte à pain. Laisser lever environ 2 h dans un endroit chaud (20 °C) ou près d'une source de chaleur (soleil, radiateur, four allumé).

Cuire environ 50 min à four chaud (180 °C ou th. 4) ou bien 40 min à la vapeur puis 10 min au four (la mie est plus souple avec cette méthode qui permet aussi une cuisson à plus basse température).

**Recette d'Eva-Claire Pasquier, auteur du livre* Recettes gourmandes pour une vie meilleure, *Ed Guy Trédaniel*

Régal de fruits en salade

Préparation : 10 min
Cuisson : 0 min

Pour 4 personnes
- 2 bananes
- 2 pommes
- 200 g de fraises
- ½ melon
- 1 orange ou 1 citron
- Quelques feuilles de menthe
- Facultatif : eau de fleur d'oranger

RAPPORT ω6/ω3 : pas assez de graisses
PROTECTION ANTIOX ■■■■□□

Cal	Prot	Glu	Lip
130,5	2 g	34 g	0,5 g

Couper les fruits en petits morceaux, si possible au dernier moment. Les arroser du jus de l'agrume pressé et d'un peu d'eau de fleur d'oranger.
Décorer de feuilles de menthe. Servir frais.

Sans sucre ajouté

Sucrer ce dessert n'est nullement indispensable si les fruits sont de saison et de qualité. Si besoin, utiliser un peu de sirop d'agave, d'érable ou du sucre complet. Présentée dans un beau saladier, en coupelles, ou en verrines, cette salade est toujours appréciée. Pensez-y au goûter, en l'associant à des graines oléagineuses (noix de Grenoble, noix de pécan, noisettes, amandes, noix de cajou…).

La pâte à tartiner au chocolat de Maë

Préparation : 5 min
Cuisson : 5 min

RAPPORT ω6/ω3 ★★★★★
PROTECTION ANTIOX ■■■■■■

Cal	Prot	Glu	Lip
264,5	6,5 g	11 g	25,5 g

Pour 6 personnes

- 100 g de chocolat noir pâtissier de qualité
- 150 g de purée de noisettes
- 1 c. à c. de purée d'amandes
- 1 c. à s. de sirop d'agave

Faire fondre le chocolat noir au bain-marie. Rajouter la purée de noisettes, le sirop d'agave et la purée d'amandes.

Goûter et ajouter un peu de sirop d'agave si besoin.

Verser dans un pot et laisser refroidir avant de déguster sur du pain sans gluten de préférence. Préparer cette pâte en petite quantité, au fur et à mesure des besoins.

Idées de petit déjeuner sans gluten ni laitage

Boissons : thé vert, infusion, chicorée, lait végétal (amandes, noisettes, riz…).

Céréales : crêpes ou flocons de sarrasin, flocons de légumes secs, de riz complet, de quinoa, pain sans gluten maison, galettes au sarrasin germé, craquottes de sarrasin ou de quinoa…

Protéines : œuf coque, poulet, dinde…

Oléagineux : amandes, noix, noisettes, sésame, pignons, noix de cajou, graines de courge…

Fruits : frais de saison ou compote de pommes.

Boules gourmandes au chocolat

Préparation : 15 min
Cuisson : 5 min

RAPPORT ω6/ω3 ★★★★★
PROTECTION ANTIOX ■■■■■■

Cal	Prot	Glu	Lip
176	3 g	15,5 g	14,5 g

Pour 6 boules

- 100 g de chocolat noir pâtissier de qualité
- 100 g de purée de châtaignes
- 1 c à s. de sirop d'agave
- Facultatif : extrait de vanille ou 1 c. à c. de cannelle
- Noix de coco séchée

Faire fondre le chocolat au bain-marie.
Mélanger les ingrédients. Laisser refroidir puis mettre au réfrigérateur environ ½ h pour faire durcir.
Former des boules. Les rouler dans noix de coco. Les poser sur un plat. Servir.

Pour varier les plaisirs

On peut aussi ajouter une dizaine de noix de Grenoble mixées grossièrement dans le mélange ou en remplacement de la noix de coco. Autre variante possible : remplacer une petite partie du chocolat (20 g) par un chocolat au café.

Poires chocomenthe

Préparation : 15 min
Cuisson : 10 min

Pour 4 personnes
- 2 belles poires mûres
- Thé vert à la menthe (ou infusion de menthe)
- 4 barres de 4 carreaux de chocolat
- ½ c. à c. d'huile de sésame
- 4 feuilles de menthe
- Quelques graines de sésame

RAPPORT ω6/ω3 ★★★★★
PROTECTION ANTIOX ■■■■■■

Cal	Prot	Glu	Lip
178	3,5 g	20 g	14 g

Éplucher les poires et les couper en deux. Ôter le coeur et les pépins. Faire cuire 5 min les morceaux de poires dans un thé à la menthe concentré.

Disposer les poires dans des coupes. Faire fondre le chocolat au bain-marie. Hors du feu, rajouter l'huile de sésame pour augmenter la fluidité et la brillance.

Napper les poires de chocolat. Décorer chaque demi-poire d'une feuille de menthe et de quelques graines de sésame.

Zoom sur la poire

Excellente source de fibres, la poire est un fruit précieux qui s'accorde aussi bien en dessert qu'avec des aliments salés. Notez que plus elle est rouge et plus elle contient d'antioxydants. Si vous l'achetez bio, vous pouvez essayer cette recette en gardant la peau, afin d'augmenter la teneur en fibres et en antioxydants de la recette.

Compote de fruits crus

Préparation : 10 min
Cuisson : 0 min

RAPPORT ω6/ω3 : pas assez de graisses
PROTECTION ANTIOX ■■■■□□

Cal	Prot	Glu	Lip
78	0,5 g	21 g	Traces

Pour 6 personnes
- 6 pommes
- ½ banane
- ½ citron pressé
- 1 c. à c. de cannelle

Éplucher les fruits. Les couper en petits morceaux. Les mixer. Rajouter rapidement le jus de citron pour éviter l'oxydation.
Rajouter la cannelle. Remplir des petites coupelles et servir aussitôt.

Du cru qui n'en a pas l'air

Ces compotes de fruits crus représentent une excellente alternative pour les enfants ne voulant pas consommer de fruits crus. Il suffit au début de les faire cuire, puis de diminuer progressivement le temps de cuisson.

Soupe exquise de brugnons

Préparation : 10 min + 3 h
Cuisson : 0 min

Pour 6 personnes
- 1 kg de brugnons
- 2 oranges
- 3 clous de girofle
- Une poignée de feuilles de menthe

RAPPORT ω6/ω3 : pas assez de graisses
PROTECTION ANTIOX ■■■■□□

Cal	Prot	Glu	Lip
88	2 g	22 g	0,5

Éplucher les brugnons. Les découper en gros quartiers.
Rajouter le jus des oranges, les 3 clous de girofle et des feuilles de menthe.
Prévoir de laisser macérer 3 h au frais. Parsemer de feuilles de menthe avant de servir.

Astuce santé

Privilégiez les fruits et les légumes bio ! Ils contiennent au moins 25 % de vitamines et minéraux en plus. Vous éviterez aussi la grande quantité de pesticides déversés sur les végétaux non bio que vous êtes obligé d'éplucher.

Gâteau aux noisettes et châtaignes*

Préparation : 10 min
Cuisson : 30 min

RAPPORT ω6/ω3 ★★★★★
PROTECTION ANTIOX ■■■■■■

Cal	Prot	Glu	Lip
689	11 g	35 g	93

Pour 8 personnes

- 200 g de noisettes pilées
- ½ tasse de farine de châtaigne
- 1,5 tasse de farine de sarrasin
- ½ tasse de farine de petit épeautre
- 1 tasse de sucre roux
- 1 tasse d'huile d'olive
- 2 yaourts de brebis ou de soja ou 1 tasse d'eau
- 2 œufs
- 1 sachet de levure, 2 sachets de sucre vanillé
- ½ c. à c. de sel

Mélanger sucre, oeufs, huile, noisettes pilées, sel, yaourts. Battre 5 min au fouet puis ajouter les farines de châtaigne, sarrasin et bise avec la levure, et mélanger.

Verser dans un moule à génoise pour mettre à four moyen avec de l'eau dans un plat au fond, ou un moule à savarin pour cuire à la vapeur.

**Une recette de Christine Bouguet-Joyeux, extraite du* Guide Pratique de Gastronomie Familiale, *Ed F.- X.de Guibert.*

Variante sans gluten

Pour les régimes sans gluten, remplacer la farine de petit épeautre par une farine de riz complet.

Fondants suprêmes au chocolat

Préparation : 15 min
Cuisson : 20 min

Pour 6 personnes
- 80 g de sucre
- 75 g d'huile olive
- 125 g de chocolat noir
- 3 œufs aux oméga-3
- 65 g d'amandes ou de noisettes en poudre
- 45 g de farine de riz
- Facultatif : cannelle

RAPPORT ω6/ω3 ☆☆☆☆☆
PROTECTION ANTIOX ■■■■□□

Cal	Prot	Glu	Lip
392,5	8,5 g	14,5 g	31,5

Fondre le chocolat au bain-marie. Rajouter l'huile. Mélanger le sucre et les jaunes d'œuf.
Ajouter les amandes en poudre, un peu de cannelle (facultatif), la farine puis les blancs d'œuf montés en neige.
Cuire dans des petits ramequins 15 min dans le four à th. 3. Le gâteau doit rester moelleux au centre. On peut aussi les faire cuire à la vapeur 10 min.

Un dessert de fête

Pour un anniversaire ou pour faire une bûche, vous pouvez faire cuire la pâte dans un grand plat et recouvrir d'une fine couche de pâte d'amande nature. Saupoudrez cette dernière de poudre de cacao non sucré. Et décorez avec des fleurs décoratives en pain azyme ou en pâte d'amandes colorées. Pour démouler le gâteau, prévoyez un moule spécial dont le fond se désolidarise.

Surprenant au chocolat*

Préparation : 15 min
Cuisson : 45 min

RAPPORT ω6/ω3 ★★★★★
PROTECTION ANTIOX ■■■■■■

Cal	Prot	Glu	Lip
245	8,5 g	29,5 g	15

Pour 6 à 8 personnes

- 1 œuf
- 370 g de pois chiches rincés et égouttés
- 200 g de chocolat noir corsé (65 % ou plus)
- 100 g de dattes dénoyautées (ou de pâte de datte)
- 180 ml d'eau
- 1 sachet de levure chimique
- 1 c. à s. d'extrait de café ou de zestes d'oranges, de cannelle…

Préchauffer le four à 180 °C (th. 6). Amener l'eau à ébullition et y mettre les dattes pendant 5 min. Dans le bol d'un robot, verser les dattes et l'eau + le chocolat cassé en morceaux.

Mélanger. Ajouter le reste des ingrédients 1 par 1 jusqu'à obtenir un mélange onctueux. Le mélange doit être assez compact.

Verser dans un moule huilé. Enfourner pour 30 à 45 min selon la grosseur et la hauteur de votre moule.

Laisser refroidir.

**Une recette de Charlotte de Bouteiller*

Surprise !

Voilà un gâteau à déguster au goûter avec des fruits ou en fin de déjeuner. Faites deviner les ingrédients à la petite famille ou aux invités. Surprise assurée quand vous annoncerez qu'il n'y a ni sucre, ni beurre, ni huile, ni farine !

Duo ananas-orange

Préparation : 15 min
Cuisson : 0 min

Pour 4 personnes

- 1 petit ananas
- 3 oranges
- Eau de fleur d'oranger
- Cannelle

RAPPORT ω6/ω3 : pas assez de graisses
PROTECTION ANTIOX ■■■■□□

Cal	Prot	Glu	Lip
112	1,5 g	29 g	Traces

Éplucher l'ananas et deux oranges (à vif). Découper des tranches très fines. Les placer en alternance dans chaque assiette.

Préparer un sirop avec le jus de l'orange restante, de la cannelle, une pointe de fleur d'oranger.

Nappez les tranches de fruits avec le sirop.

Comment choisir un bon ananas

Les meilleurs ananas sont ceux qui ont étés acheminés par avion car ils sont récoltés plus mûrs. Un bon ananas se voit à la fraîcheur des feuilles : si les pointes sont desséchées, il vaut mieux l'éviter. Il faut aussi que le pédoncule soit propre, pas desséché, ni moisi. Une fois acheté, l'ananas doit être consommé rapidement.

Lassi aux fruits rouges

Préparation : 10 min
Cuisson : 0 min

Pour 4 personnes
- 600 g de fruits rouges
- 4 yaourts soja nature
- 4 glaçons
- 1 c. à s. de sirop d'agave
- Quelques brins de menthe pour la décoration

RAPPORT ω6/ω3 ☆☆☆☆☆
PROTECTION ANTIOX ■■■■□□

Cal	Prot	Glu	Lip
149,5	8 g	25,5 g	2,5 g

Rincer, équeuter (si besoin) les fruits. Les mixer avec les yaourts, les glaçons et le sirop d'agave.

Présenter le mélange obtenu dans des grands verres. Décorer les verres avec les brins de menthe.

Servi avec des noix, des noisettes ou des amandes, c'est un excellent goûter.

Une boisson traditionnelle

Le lassi est une boisson d'origine indienne à base de yaourt. Le lassi existe en plusieurs versions : nature, salée, épicée ou sucrée, cette dernière étant souvent aromatisée, par exemple à la rose, au citron, à la framboise ou à la mangue. En Inde, le lassi est le plus souvent consommé en dehors des repas.

Salade de fruits cuits aux épices

Préparation : 10 min
Cuisson : 20 min

Pour 4 personnes

- 1 orange
- 2 poires
- 1 banane
- 2 kiwis
- 3 c. à s. de sucre complet
- 1 anis étoilé, 1 bâton de cannelle, 1 clou de girofle, 1 gousse de vanille
- ½ verre de cidre ou de Grand Marnier ou de cognac

RAPPORT ω6/ω3 : pas assez d'oméga-3
PROTECTION ANTIOX ■■■■■■

Cal	Prot	Glu	Lip
126	1 g	27,5 g	Traces

Faire cuire à petit feu l'alcool, le sucre, les épices (le bâton de cannelle en morceaux et la gousse de vanille ouverte en 2), 500 ml d'eau et un peu de zeste de l'orange pendant 10 min.

Rajouter les fruits en morceaux et l'orange en rondelles et laisser cuire 10 min à petit feu. Prélever les fruits et les disposer dans un beau plat.

Arroser de quelques cuillerées à soupe de sirop. Peut se consommer tiède sinon placer au frais avant de servir.

Vive les épices !

Ce sont les épices qui confèrent à cette recette son fort pouvoir antioxydant protecteur. Les épices font en effet partie des aliments dont l'indice ORAC est le plus élevé (voir tableau page 299).

Charlotte de fruits*

Préparation : 45 min
Cuisson : 0 min

Pour 4 personnes
- 160 g de chair d'orange
- 150 g de chair d'ananas
- 150 g de chair de banane
- 200 g de chair de kiwi
- 80 g de fraises
- 80 g de chair de pomme
- 80 g de chair de poire
- 250 g de coulis d'avocat (se référer à la recette du coulis d'avocat)
- 50 g de jus de citron vert

RAPPORT ω6/ω3 : pas d'oméga-3
PROTECTION ANTIOX ■■■■□□

Cal	Prot	Glu	Lip
220	3 g	38 g	7 g

Découper les fruits en fines lamelles. Citronner bananes, pommes et poires.
Choisir un saladier moyen et le tapisser de film transparent (pour le démoulage).
Tapisser le fond et les parois de rondelles de kiwis juxtaposées. Disposer successivement les autres fruits en couches alternées, séparées par des nappages de coulis à l'avocat.
Terminer par les tranches d'oranges puis retourner le moule sur un plat et décorer avec des ½ fraises.

**Recette du dr Christian Pauthe, extraite du livre* L'alimentation crue en 400 recettes, *Ed. F.- X.de Guibert.*

Le coulis d'avocat

Mixer la chair de 2 avocats moyens avec 1/2 verre d'eau de noix de coco et 3 c. à s. de jus de citron vert. Ajouter, au cours du mixage, 4 c. à s. de sucre en poudre. Réservez au frais.

Sorbet des îles

Préparation : 10 min
Cuisson : 0 min

Pour 4 personnes

- 400 ml de lait de coco
- 4 c. à s. de noix de coco râpée
- 50 g de crème soja cuisine
- 2 c. à s. de sirop de riz
- 1 sorbetière (de préférence)

RAPPORT ω6/ω3 : pas d'oméga-3
PROTECTION ANTIOX ■■□□□□

Cal	Prot	Glu	Lip
285	2,5 g	6,5 g	29,5

Mettre dans un saladier le lait de coco, rajouter la noix de coco râpée et bien mélanger. Mélanger crème soja et sirop de riz avant de les rajouter dans le saladier.
Placer le mélange dans la sorbetière et servir aussitôt le sorbet terminé. En l'absence de sorbetière, mettre le mélange au congélateur pendant environ 15 min.
Mélanger à nouveau le sorbet et le remettre au congélateur pendant 15 min à 20 min. Servir dans des coupes.
Saupoudrer de noix de coco ou de copeaux de chocolat obtenus en râpant du chocolat.

Variantes

Ce sorbet peut aussi se réaliser avec des fruits de saison comme le melon, les brugnons, les fraises. C'est une excellente façon d'utiliser de trop grandes quantités de fruits bien mûrs.

TABLES

INDICES PRAL

	PRAL (mEq/100 g)
ŒUFS ET PRODUITS LAITIERS	
Beurre	0,4
Fromage de chèvre frais	15,8
Gruyère	21,2
Lait	0,1
Œufs	7,5
Yaourt nature	0,2
VIANDES ET POISSONS	
Bœuf	13
Porc	11,6
Poulet	14,6
Saumon	7,6
Thon	12,7
CÉRÉALES	
Farine de blé	4,4
Pâtes	2,8
Riz blanc cuit	1,5

	PRAL (mEq/100 g)
LÉGUMES	
Tous les légumes ont un PRAL négatif	
LÉGUMINEUSES	
Haricots blancs	- 2,7
Lentilles	2,1
Pois chiches	2,6
FRUITS	
Tous les fruits ont un PRAL négatif	
NOIX ET GRAINES	
Amande	4,1
Noisette	- 3,1
Noix de Grenoble	5,6

COMPOSITION MINÉRALE ET INDICE PRAL DES EAUX

EAUX PLATES

EAU	CL	K	MG	CA	NA	CO3	PRAL
Evian	4,5	1	24	78	5	357	-1,64
Thonon	9	1	14	108	3	350	-1,54
Cristalline	36,8	1,1	14,6	64	20,25	229	-0,77
Valvert	4	0,2	2	67,6	1,9	204	-0,73
Volvic	8,4	5,7	6,1	9,9	9,4	65,3	-0,5
Vittel	8	2	36	202	3,8	402	-0,49
Spa	5	0,5	1,3	3,5	3	10	-0,01
Wattwiller	3,9	1,6	18	222	3	142	1,79
Contrex	10	3,2	84	486	9,1	403	3,19
Taillefine	240	6	50	250	11	327	3,7
Hepar	11	4,1	110	555	14	403	4,35
Courmayeur	1	2	66	553	1	176	5,5

EAUX GAZEUSES

EAU	CL	K	MG	CA	NA	CO3	F	PRAL
St-Yorre	322	132	11	90	1708	4368	NI	-64,4
Vichy Célestin	235	66	10	103	1172	2989	NI	-43,71
Arvie	387	130	92	170	650	2195	0	-23,50
Quézac	38	49,7	95	241	255	1685,4	1	-14,73
Badoit	44	10	85	190	165	1300	6	-10,15
Rozana	649	52	160	301	493	1837	1	-9,83
Vernière	18	49	72	190	154	1170	2	-9,67
Salvetat	4	3	11	253	7	820	1	-3,57
Perrier	23	1,4	7	149	11,5	420	5	-1,59
San Pellegrino	59	2,2	52,2	186,9	39	238	2	0,58
Contrex fines bulles	10	3,2	84	486	9,1	403	2,7	3,19

Cl = chlore, k = potassium, Mg = magnésium, Ca = calcium, Na = sodium, CO3 = bicarbonates

INDICES ORAC

	TENEUR TOTALE EN PHÉNOLS (mg/100 g)	ORAC (µmol TE/100 g)
LÉGUMES		
Aubergine	252	2 533
Artichaut	792	9 409
Carotte (crue)	125	1 215
Epinards	217	2 640
Laitue	100	1 424
Oignon jaune (cru)	91	1029
Pomme de terre	136	1 081
Tomate (cuite)	100	4 600
HERBES ET EPICES		
Cannelle	15 718	267 536
Clou de girofle	11 319	314 446
Curcuma	2117	159 277
Gingembre	317	28 811
NOIX ET GRAINES		
Amandes	418	4 454
Noix de Grenoble	1556	13 541
FRUITS		
Banane	231	879
Myrtilles	795	9 260
Orange	337	1 814
Poire	220	1911
Pomme Gala	262	2 828
Pruneau	1195	8 578
Raisins secs	1065	3 037

INDEX GLYCÉMIQUES (IG)

IG ÉLEVÉ (>70)	IG MODÉRÉ	IG BAS (< 55)
FRUITS		
Dattes 103	Abricots frais 57	Pomme fraîche 38
	Melon 67	Abricots secs 30
	Cerises 63	Pamplemousse 25
	Papaye 56	Raisin 53
	Banane bien mûre 65	Banane pas trop mûre 52
	Figues séchées 61	Kiwi 53
	Raisins secs 64	Poire 38
	Ananas 59	Orange 42
	Abricots au sirop 64	Jus de pomme sans sucre ajouté 44
	Pêches au sirop 58	Jus de pamplemousse sans sucre ajouté 48
FRUITS OLÉAGINEUX		
Tous les fruits oléagineux ont un IG bas voire très bas (<15)		
LÉGUMES		
Tous les légumes ont un IG bas voire très bas (<15)		
		Carottes crues 16
		Carottes cuites 47
LÉGUMINEUSES		
Lentilles, pois chiche et haricots secs ont des IG bas		
POMME DE TERRE		
Pomme de terre cuite au four 95	Pomme de terre avec la peau à la vapeur 65	Patate douce cuites 46
Purée de pomme de terre instantanée 83		Chips 54
Pomme de terre pelée bouillie 78		

IG ÉLEVÉ (>70)	IG MODÉRÉ	IG BAS (< 55)
CÉRÉALES ET PRODUITS DÉRIVÉS		
Baguette blanche 95	Pain complet 65	Pain intégral 49
Pain de mie blanc 70	Croissant 67	LU P'tit déjeuner choc 42
Pain de mie complet 71	Bichoco Prince, BN 56	All-Bran Kellogg's 34
Biscotte blanche 68	Flocons d'avoine traditionnels 59	Muesli naturel 49
Gaufres 76	Spécial K Kellogg's 56	Macaroni 47
Galettes de riz soufflé 85	Riz blanc cuit à l'eau 64	Vermicelles 35
Corn Flakes Kellogg's 77	Riz basmati 58	Spaghetti cuisson 10-15 min 44
Rice Krispies Kellogg's 82	Polenta 68	Riz brun 50

TENEURS EN OMÉGA-6 ET OMÉGA-3 (en grammes pour 100 grammes)

	OMÉGA-6 (TOTAL)	OMÉGA-3			Ω6/Ω3
		ALA*	EPA*	DHA*	
POISSONS					
Hareng	0,3	0,07	1,5	2,6	0,07
Maquereau	0,5	0,2	1,6	3,1	0,10
Sardine fraîche	0,4	0,2	1,1	2,6	0,10
COQUILLAGES ET CRUSTACÉS					
Calamar	0,1	Tr	0,1	0,2	0,33
Huître	0,1	0,1	0,3	0,2	0,17
Moule de Méditerranée	0,1	-	0,1	0,1	0,5
VIANDES ET VOLAILLES					
Bœuf, steak haché (15 % MG)	0,3	0,1	-	-	3
Porc, jambon enrichi en oméga-3	0,9	Oméga-3 totaux = 0,33			3,6
ŒUFS ET PRODUITS LAITIERS					
Œuf entier, cru	1,6	0,05	-	-	32
Œuf entier enrichi en oméga-3	1,7	Oméga-3 totaux = 0,66			2,57
CORPS GRAS					
Huile de colza	20,4	9,3	0	0	2,19
Huile de pépins de raisin	69,9	0,1	0	0	699
Huile de tournesol	62,8	0,2	0	0	310,4
St Hubert oméga-3**	12,0	Oméga-3 totaux = 2,9			4,14
St Hubert 41*	4,8	Oméga-3 totaux = 1,8			2,67

* ALA = acide alpha-linolénique, EPA = acide eicosapentaénoïque, DHA = acide docosahexaénoïque. **Pour les margarines, il n'est pas renseigné ici un autre paramètre important : la teneur en acides gras mono-insaturés.

BIBLIOGRAPHIE

Articles

AANEN M.C. ET AL. : *Effect of dietary sodium chloride on gastroesophageal reflux: a randomised controlled trial*. Scand J Gastroenterol 2006;41(10):1141-6.

ABDEL-LATIF M.M. ET AL. : *NF-KappaB activation in esophageal adenocarcinoma*. AnnSur 2004;239(4):491-500.

AGRAWAL A. ET AL. : *Ingestion of acidic foods mimics gastroesophageal reflux during pH monitoring*. Dig Dis Sci, 2005;50(10):1916-20

AMOURETTI M. : *L'approche de la qualité de vie en médecine : de la recherche à la pratique quotidienne.* GCB 2004, 28(1):9-10.

BARLOW W.J., ORLANDO R.C. : *The pathogenesis of heartburn in nonerosive reflux disease : a unifying hypothesis*. Gastroenterology 2005 Mar;128(3):771-8.

BEDIZ C.S. ET AL. : *Both zinc deficiency and supplementation affect plasma melatonin levels in rats*. Acta Physiol Hung 2003;90(4):335-9

BILLYARD A.J. ET AL. : *Dietary magnesium deficiency decreases plasma melatonin in rats.* Magnes res 2006;19(3):157-61.

BERNARDO D. ET AL.: *Is gliadine really safe for non-coeliac individuals ?* Gut 2007;56(6):889-890.

BONI L. ET AL. : *Free radical production in the esophago-gastro-duodenal mucosa in response to acid and bile*. Dis Esophagus 2006;19(2):99-104

BONNIAUD P. ET BEYNAT C. : *Reflux gastro-œsophagien et toux chronique.* Revue Française d'Allergologie. Volume 50, numéro 3, pages 270-273 (avril 2010). Doi : 10.1016/j.reval.2010.02.002

BOYE M. ET AL. : *Acid challenge to the esophageal mucosa: effects on local nitric oxide formation and its relation to epithelial functions*. Dig Dis Sci 2005 Apr;50(4):640-8.

BRETAGNE J.F. ET AL. : *Le reflux gastro-oesophagien dans la population française. Résultats d'une enquête sur 8000 sujets adultes*. Presse Med 2006 Jan;3523-31

CAO W. ET AL. : *Proinflammatory cytokines alter/reduce esophageal circular muscle contraction in experimental cat esophagitis*. AmJ Physiol Gastrointest Liver Physiol 2004, 287(6):G1131-9.

CAVATALO F. ET AL. : *Gastroesophageal reflux associated with cow's milk allergy in infants*. Am J Gastroenterol, 1996 Jun;91(6):1215-20.

CAVIGLIA R. ET AL. : *Dilated intercellular spaces of oesophageal epithelium in nonerosive reflux disease patients with physiological oesophageal acid exposure*. Am J Gastroenterol 2005 mar; 100(3): 543-8.

CHEN C.L. ET AL. : *Sleep symptoms and gastroesophageal reflux*. J Clin Gastroenterol 2008;42(1):13-7

CHENG L. ET AL. : *Hydrogen peroxide reduces lower esophageal sphincter tone in human esophagitis*. Gastroenterology 2005;129:1676-1685

CORLEY D.A. ET AL. : *Abdominal obesity and body mass index as risk factors for Barrett's esophagus*. Gastroenterology 2007;133(1):34-41.

COSTA H.O. ET AL. : *Is there a relationship between the pH and volume of saliva and oesophageal pH-metry results*. Dysphagia, 2005 Summer;20(3):175-81

DE KORWIN J.D. ET AL. : *Eradication de helicobacter pylori dans le reflux gastro-oesophagien : le pour et le contre*. Hepato-Gastro 2003;10(4):305-14

DE KORWIN J.D. : *Hélicobacter pylori : les résultats de la conférence 2005 de Maastricht*. Hepato-Gastro 2007,14(3): 179-81.

DE KORWIN J.D. : *Recommandations d'éradication de Helicobacter pylori en 2008.* Hepato-gastro 2008;15(5):363-70.

DE SOUZA PEREIRA R. : *Regression of gastroseophageal reflux disease symtoms using dietary supplementation with melatonin, vitamins and aminoacids : comparaison with omeprazole*. J. Pineal Res.2006 ;41 :195-200.

DICKMAN R. and col, J Clin Sleep Med 2007;3(5):514-5

Relationships between sleep quality and pH monitoring findings in persons with gastroesophageal reflux disease

DRAGO S. ET AL. : *Gliadine, zonulin and gut permeability : effects on celiac and non-celiac intestinal mucosa and intestinal cell lines*. Scand J Gastroenterol, 2006;41(4):408-19

DUNNE D.P. PATERSON W.G. : *Acid-induced esophageal shortening in humans : a cause of hiatus hernia ?* Can J Gastroenterol 2000;14(10):847-50.

DVORAK K. ET AL. : *Bile acids in combination with low pH induce oxidative stress and oxidative DNA damage: relevance to the pathogenesis of Barrett's oesophagus.* Gut 2007, 56(6) :763-71.

EFENDIEVA M.T. ET AL. : *Magnesium-containing mineral waters in the treatment of patients with cardial manifestations of gastroesophageal reflux disease*. Vopr Kurortol Fizioter Lech Fiz Kult 2006;(6):31-4.

EL-SERAG H.B. ET AL. : *Determinants of gastroesophageal reflux disease in adults with a history of childhood gastroesophageal reflux disease*. Clin Gastroenterol Hepatol, 2007 Jun;5(6):696-701

EL-SERAG H.B. ET AL. : *Dietary intake and the risk of gastroesophageal reflux disease: a cross sectional study in volunteers*. Gut 2005;54(1):11-7.

EL-SERAG H.B. ET AL. : *Obesity increases oesophageal exposure.* Gut 2007 Jun;56(6):749-55.

EL-SERAG H. : *Role of obesity in GORD-related disorders*. Gut 2008 Mar;57(3):281-4

EMERANZIANI S. ET AL. : *Effect of Hiatal hernia on proximal oesophageal acid clearance in gastroesophageal reflux disease patients*. Aliment Pharmacol Ther 2006;23(6):751-7.

EMERENZIANI S. ET AL. : *Gastro-esophageal reflux disease and obesity, where is the link?* World J Gastroenterol. 2013 Oct 21;19(39):6536-9. doi: 10.3748/wjg.v19.i39.6536.

FARRÉ R. ET AL. : *Critical role of stress in increase oesophageal mucosa permeability and dilated intercellular spaces*. Gut 2007 Sep; 56(9):1191-7.

FASS R. ET AL. : *Refractory GERD : what is it?* Curr Gastroenterol Rep 2008 Jun :10(3) :252-7.

FOX M. ET AL. : *The effects of dietary fat and calorie density on esophageal acid exposure and reflux symptoms*. Clin Gastroenterol Hepatol 2007,5(4):439-44.

FUJIWARA Y. ET AL. : *Functional oesophageal epithelial defence against acid.* Inflammopharmacology, 2005;13(1-3):1-13.

GALMICHE J.P., SACHER-HUVELIN S. : *Reflux gastro-oesophagien résistant aux inhibiteurs de la pompe à protons*. Hepato-Gastro 2002,9(3)159-63

GUILLEMOT F. ET AL. : *Prevalence of functionnel gastrointestinal disorders in a population of subjects consulting for gzstroesophageal reflux disease in general practice*. GCB 2005;29(3):243-6.

HEINE R.G. : *Gastroesophageal reflux disease, colic and constipation in infants with food allergy.* Curr Opin Allergy Clin Immuno,2006 Jun;6(3):220-5.

INAYAMA M. ET AL. : *Involvement of oxidative stress in experimentally reflux esophagitis and esophageal cancer*. Hepatogastroenterology, 2007;54(75):761-5.

IRAVANI S. ET AL. : *Modification of insulin-like growth factor 1 receptor, c-Src, and Bcl-XL protein expression during the progression of Barrett's neoplasia*. Hum Pathol. 2003; 34(10): 975-82.

JACOBSON B.C. ET AL. : *Body-mass index and symptoms of gastroesophageal reflux in women*. N Engl J Med 2006 Jun 1;354(22):2340-8

JIMÉNEZ P. ET AL. : *Free radicals and antioxidant in reflux esophagitis and Barrett's esophagus*. World J Gastroenterol 2005 May,14;11(18):2697-703

JOVOV B. ET AL. : *Role of E-cadherin in the pathogenesis of gastroesophageal reflux disease.* Am J Gastroenterol. 2011 Jun;106(6):1039-47. doi: 10.1038/ajg.2011.102. Epub 2011 Mar 29.

KADAKIA S.C. ET AL. : *Effect of cigarette smoking on gastroesophageal reflux measured by 24-h ambulatory esophageal pH monitoring*. AmJ Gastroenterol 1995;90(10):1785-90.

KARAMANOLIS G. ET AL. : *A glass of water immediately increases gastric pH in healthy subjects*. Dig Dis Sci 2008 May 13.

KARAMANOLIS G., TACK J. : *Best Practice Research Clinical Gastroenterology.* Nutrition and motility disorders. 2006 20(3):485-505.

KIM S.K. ET AL. : *Anti-oxidative and inhibitory activities on nitric oxide (NO) and prostaglandin E2 production of flavonoids from seeds of prunus tomentosa Thunberg*. Arch Pharm Res 2008, 31(4):424-8

KLUPINSKA G. ET AL. : *Nocturnal secretion of melatonin in patients with upper digestive tract disorders*. J physiol Pharmacol, 2006;57 Suppl 5:41-50.

KONTURECK P.C. ET AL. : *Activation of NfappaB represents the central event in the neoplastic progression associated with Barret's esophagus : a possible link to the inflammation and overexpression of COX-2, PPARgamma and growth factors*. Dig Dis Sci 2004;49(7-8):1075-83

KUBO A. ET AL. : *Dietary antioxidants, fruits and vegetables and the risk of Barrett's esophagus*. Am J Gastroenterol 2008 May 20.

KUBO A. ET AL. : *Dietary patterns and the risk of Barrett's esophagus*. Am J Epidemiol 2008, 167(7):839-46.

KUIPERS EJ ET AL. : *Cure of Helicobacter pylori infection in patients with reflux esophagitis treated with long term omeprazole reverses gastritis without exacerbation of reflux disease : results of a randomised controlled trial*. Gut 2004 Jan ;53(1) :12-20.

KUSANO M. ET AL. : *Postprandial water intake inhibits gastric antral motility with increase of cholecystokinin in humans*. Scand J Gastroenterol 2005;40(10):1176-81.

LINDFORS K. ET AL. : *Live probiotic Bifidobacterium lactis bacteria inhibit the toxic effects induced by wheat gliadin in epithelial culture*. Clin Exp Immunol 2008,152(3) :552-8.

LING F.C. ET AL. : *Association of COX-2 expression with corresponding active and chronic inflammatory reactions in Barrett's metaplasia and progression to cancer.* Histopathology 2007;50(2):203-9.

LUTGENDORFF F. ET AL. : *The role of microbiota and probiotics in stress-induces gastro-intestinal damage*. Curr Mol Med 2008;8(4):282-98.

MACFARLANE S. ET AL. : *Microbial Colonization of the upper gastrointestinal tract in patients with Barrett's esophagus*. Clinical Infectious Diseases 2007;45:29-38

MAIERON R. ET AL. : *Celiac disease and intestinal metaplasia of the esophagus (Barrett's esophagus)*. Dig Dis Sci 2005 Jan; 50(1):126-9

MAIMIE I. ET AL. : *Acid and non-acid reflux in patients with persistent symptoms despite acid suppressive therapy : a multicentre study using combined ambulatory impedance-pH monitoring*. Gut, 2006; 55(10): 1398-402.

MALFERHEINER P. : *Helicobacter pylori et reflux gastro-oesophagien*. La lettre l'hépato-gastroenterologue, 2005, 8(1) :37-38

MEHTA S.P. ET AL. : *Effect of n-3 polyunsatured fatty acids on Barrett's epithelium in the human lower esophagus*. Am J Clin Nutr, 2008;87(4):949-56.

MILKE P. ET AL. : *Gastroesophageal reflux in healthy subjects induces by two different species chilli*. Dig Dis 2006 ;24(1-2) :184-8

MOAZZEZ P. ET AL. : *The effect of chewing gum sugar-free on gastro-esophageal reflux*. J Dent Res 2005;84(11):1062-5.

MULLIN J.M. ET AL. : *Transepithelial leak in Barrett's esophagus*. Dig Dis Sci, 2006 Dec,51(12):2326-36.

NAITO Y. ET AL. : *Role of pancreatic trypsin in chronic esophagitis induced by gastroduodenal reflux in rats*. J Gastroenterol 2006;41(3):286-7

NESS-JENSEN E ET AL. : *Tobacco smoking cessation and improved gastroesophageal reflux: a prospective population-based cohort study: the HUNT study.* Am J Gastroenterol. 2014 Feb;109(2):171-7. doi: 10.1038/ajg.2013.414. Epub 2013 Dec 10.

NILSSON M. ET AL. : *Lifestyle related risk factors in the aetiology of gastro-oesophageal reflux*. Gut 2004;53(12):1730-5.

OH T.Y. ET AL. : *Oxidative stress is more important than acid in the pathogenesis of reflux oesophagitis in rats*. Gut 2001 Sep;49(3):364-71

OH T.Y. ET AL. : *Oxidative damages are critical in pathogenesis of reflux oesophagitis : implication of antioxidants in its treatment*. Free Radi Biol Med, 2001 Apr 15;30(8):905-15.

ORENSTEIN S.R. ET AL. : *Natural history of infant reflux esophagitis : symptoms and morphometric history during one year without pharmacotherapy*. Am J Gastroenterol 2006 Mar;101(3):628-40

O'RIORDAN J.M. ET AL. : *Proinflammatory cytokin and nuclear kappa-B expression along the inflammation-metaplaia-dysplasia-adenocarcinoma sequence in the esophagus*. Am J Gastroenterol 2005;100(6):1257-64.

ORLANDO R.C. : *Mechanisms of reflux-induced epithelial injuries in the esophagus*. Am J Med 2000;108(4A):104S-108S

ORLANDO R.C. : *Pathophysiology of gastroesophageal reflux disease*. J Clin Gastroenterol 2008;42:584-588.

ORLANDO R.C. : *The integrity of the esophageal mucosa. Balance between offensive and defensive mechanisms.* Best Pract Res ClinGastroenterol. 2010 Dec;24(6):873-82. doi: 10.1016/j.bpg.2010.08.008.

OSIAS G.L. ET AL. : *Esophageal bacteria and Barrett's esophagus: a preliminary report*. Dig Dis Sci 2004 Feb;49(2):228-36.

PATERSON W.G. ET AL. : *Intraluminal acid induces oesophageal shortening via capsaicin-sensitive neurokin neurons*. Gut 2007, 56(10):1347-52.

PEHL C. ET AL. : *Different effects of white and red wine on lower esophageal sphincter pressure and gastroesophageal reflux*. Scand J Gastroenterol 1998;33(2):118-22.

PEHL C. ET AL. : *Effect of caloric density of a meal on lower oesophageal sphincter motility and gastro-oesophageal reflux in healthy subjects*. Aliment Pharmacol Ther 2001, 15(2):233-9.

PEHL C. ET AL. : *White wine and beer induce gastro-oesophageal reflux in patients with reflux disease*. Aliment Pharmacol Ther. 2006;23(11):1581-6

PEI Z. ET AL. : *Bacterial biota in reflux esophagitis and Barrett's esophagus*. World J Gastroenterol, 2005 Dec 14;11(46):7277-83

PICHE T. : *Diététique et risque de reflux gastro-oesophagien : une étude croisée chez des volontaires*. Hepato-Gastro 2005, 12(3).

PICHE T. ET AL. : *Colonic fermentation influences lower esophageal sphincter function in gastroesophageal reflux disease*. Gastroenterology 2003;124(4):894-902.

RANTANEN T.K. ET AL. : *The impact of antireflux surgery on oxidative stress of esophageal mucosa caused by gastroesophageal reflux disease : 4-yr follow-up study*. Am J Gastroenterol 2006;101(2):22-8.

RAO C.V. : *Effect of quercetin, flavonoids and alpha-tocopherol, an antioxidant vitamin, on experimental reflux oesophagitis in rats*. Eur J Pharmacol 2008;589(1-3):233-8

RAO C.V., VIJAYAKUMAR M. : *Effect of quercetin, flavonoids and alpha-tocopherol, an antioxidant vitamin on experimental reflux oesophagitis in rats*. Eur J Pharmacol 2008, 589(1-3):323-8.

RIEDER F. ET AL. : *Gastroesophageal reflux disease associated esophagitis induces endogenous cytokine production leading to motor abnormalities*. Gastroenterology 2007 Jan; 132(1):154-65.

ROMAN S. ET AL : *Intérêt de la mesure couplée du pH et de l'impédance intraluminale oesophagiens pour la prise en charge des symptômes extra-digestifs du reflux gastro-oesophagien*. GCB 2005, 29, 12, 1303-1304.

ROULET L. ET AL. : *Effets indésirables des inhibiteurs de la pompe à proton : faut-il craindre de les prescrire au long cours ?* Revue de Médecine Interne 2012.

SCHEFFER R.C. ET AL. : *Elicitations of transient lower oesophageal sphincter relaxations in response to gastric distension and meal ingestion*. Neurogastroenterol Motil 2002,14(6):647-55

SCHEY R. ET AL. : *Sleep deprivation is hyperalgesic in patients with gastroesophageal reflux disease*. Gastroenterology 2007;133(6):1787-95.

SEMENIUK J., KACZMARSKI M. : *Gastroesophageal reflux in children and adolescents with regard to food intolerance*. Adv Med Sci, 2006;51:327-35

SHIRVANI V.N. ET AL. : *Cyclooxygenase 2 expression in Barrett's esophagus and adenocarcinoma : ex vivo induction by bile salts and acid exposure.* Gastroenterology 2000;118(3):487-96.

SIHVO E.I. ET AL. : *Oxidative stress has a role in malignant transformation in Barrett's oesophagus*. Int J Cancer 2002 Dec 20;102(6):551-5

SMITH K.J. ET AL. : *Interactions among smoking, obesity, and symptoms of acid reflux in Barrett's esophagus*. Cancer Epidemiol Biomarkers Prev 2005 Nov;14(11Pt1):2481-6

SOBHANI I. : *Le reflux gastro-oesophagien est-il héréditaire ?* Hepato-Gastro 2004, 11(1) :19-26

SONG S. ET AL. : *COX-2 induction by unconjugated bile acids involves reactive oxygen species-mediated signalling pathways in Barrett's oesophagus and oesophageal adenocarcinoma*. Gut 2007;56(11):1512-21.

TOBEY N.A. ET AL. : *Serosal bicarbonate protects against acid injury of rabbit oesophagus*. Gastroenteroly 1989;96:1466-77.

TOMITA R. ET AL. : *Physiological studies on nitric oxide in the lower esophageal sphincter of patients with reflux esophagitis*. Hepatogastroenterology 2003;50(49):110-4.

VAN DER VELDEN A.W. ET AL. : *Maintenance treatment for GERD : residual symptoms are associated with Psychological Distress*. Digestion 2008,77(3-4) :207-213

VEUGEULERS P.J. ET AL. : *Obesity and lifestyle risk factors for gastroesophageal reflux disease, Barrett's esophagus and esophageal adenocarcinoma*. Dis Esophagus 2006;19(5):321-8.

VOLOGHZANINA L.G. : *Efficacity of the drinking magnesium-calcium sulfate mineral water in the combined treatment of duodenal ulcer comorbid with gastroesophageal reflux*. Vopr Kurortol Fizioter Lech Fiz Kult 2005(6):17-9.

WALRAND S. ET AL. : *Acides aminés et trophicité intestinale*. Hepato-Gastro 2001;8(1):53-66.

WATANABE Y. ET AL. : *Cigarette smoking and alcohol consumption associated with gastro-oesophageal reflux disease in Japanese men*. Scand J Gastroenterol 2003;38(8):807-11.

WATELET J., BIGARD M.A. : *Troubles hépato-digestifs du sportif*. GCB 2005,29(5) :522-532.

WEIJENBORG P.W. ET AL. : *Hypersensitivity to acid is associated with impaired esophageal mucosal integrity in patients with gastroesophageal reflux disease, with and without esophagitis*. American Journal of Physiology - Gastrointestinal and Liver Physiology Published 12 June 2014. DOI: 10.1152/ajpgi.00345.2013.

WESTON A.P. ET AL. : *Prospective evaluation of the prevalence of gastric Helicobacter pylori infection in patients with GERD, Barrett's esophagus, Barrett's dysplasia, and Barrett's adenocarcinoma*. AM J Gastroenterol, 2000 Feb;95(2):387-94

WILDI S.M. ET AL. : *The influence of rapid food intake on postprandial reflux : studies in healthy volunteers*. Am J Gastroenteol 2004;99(9):1645-51.

WRIGHT C.E. ET AL. : *The effect of psychological stress on symptom severity and perception in patients with gastro-oesophageal reflux*. J Psychsom Res, 2005;59(6):415-24.

WU J.C. ET AL. : *Obesity is associated with increases transient lower esophageal sphincter relaxation*. Gastroenterology 2007 Mar:132(3):883-9

YOSHIDA N. : *Inflammation and oxidative stress in gastroesophageal reflux disease*. J Clin Biochem Nutr 2007, 40(1):13-23.

YOSHINAGA M. ET AL. : *Vitamin C inhibits corpus gastritis in helicobacter pylori-infected patients during acid-suppressive therapy*. Gastroenterol Hepatol 2001 ;16(11) :1206-10.

ZERBIB F. ET AL. : *Traitement du reflux gastro-oesophagien de l'adulte*. EMC Gastroentérologie, 9-202-C-10, 2011.

ZHANG L. ET AL. : *Efficacity of cranberry juice on Helicobacter pylori infection : a doublee-blind, randomised placebo-controlled trial*. Helicobacter 2005,10(2):139-45.

ZHENG Z. ET AL. : *Lifestyle factors and risk for symptomatic gastroesophageal reflux in monozygotic twins*. Gastroenterology 2007,132(1):87-95.

ZHIHENG P. ET AL. : *Bacterial biota in the human distal esophagus*. Proc Natl Acad Sci USA 2004 March 23;101(12):4250-4255.

ZIMMERMAN J., HERSHCIVICI T. : *Bowel symptoms in nonerosive Gastroesophageal reflux disease : Nature, prevalence, and relation to acid reflux*. J Clin Gastroenterol, 2008 jan 24.

Ouvrages

BIGARD M.A. : *Le reflux gastro-oesophagien*. John Libbey, 2003.

BOUGUET-JOYEUX C. : *Tout à la vapeur douce, pourquoi et comment*. FX de Guilbert, 2005.

BOUGUET-JOYEUX C. : *Guide pratique de la gastronomie familiale - L'art et le plaisir pour la santé*. FX de Guilbert, 2008, 2ème édition sous presse.

BRULEY DES VARANNES S., TACK J. : *Reflux gastro-oesophagien de l'adulte*. Progrès en hépato-gastroentérologie 5. Douin, 2005.

JOYEUX H. : *Changez d'alimentation. Prévention des cancers. Faut-il manger bio ?* FX de Guilbert, 2002.

MINGUET P. : *Les manifestations supraglottiques du RGO*. ALN, 2003.

MOUTON G. : *Ecosystème intestinal*. Marco Pietteur, 2004.

RAMBAUD J.C. : *Traité de Gastroentérologie*. Medecine-Siences Flammarion, 2000.

ROUGIER P. : *Les cancers digestifs*. Springer, 2006

SEIGNALET J. : *L'Alimentation ou la troisième médecine*. FX de Guilbert, 2004.

SOUCCAR T. : *Lait, mensonges et propagande.* Thierry Souccar Editions. 2007.

Sites internet

• Société Nationale Française de Gastroentérologie - Conférence de consensus 1999 : le reflux gastro-oesophagien.

• www.snfge.asso.fr

• www.lanutrition.fr